AF257184

L'EXPULSION

DES

PRINCES

L'EXPULSION

DES PRINCES

Au mois de mars 1886, M. de Freycinet, Président du conseil s'opposait à l'adoption d'un projet qui expulsait du territoire les membres des familles ayant régné sur la France.

Au mois de mai suivant, M. de Freycinet qui déclarait, quelques semaines auparavant, que rien ne pouvait justifier une semblable mesure, déposait lui-même une proposition de loi tendant à interdire le séjour en France aux Princes en alléguant que leur présence était devenue un embarras, un danger pour le gouvernement de la République.

Cependant aucun fait ne s'était passé qui pût motiver une telle contradiction. Mais les passions révolutionnaires de la majorité s'étaient affirmées de nouveau, cette fois avec plus de force, et le ministère, au lieu de résister courageusement, avait préféré sacrifier les Princes aux basses rancunes, aux haines violentes des radicaux afin de sauver son existence menacée. La conduite de M. de Freycinet n'a pas eu d'autre mobile. L'opinion publique ne sera pas dupe des subtilités invoquées pour excuser cette iniquité.

En votant cette mesure d'exception les républicains ont ouvert la porte aux mesures de violence les plus arbitraires. Ils ont montré ce que l'avenir réserve à la France. En proscrivant les Princes, ils ont porté la première atteinte à la sécurité des personnes; en réclamant la confiscation de leurs biens comme l'a fait M. Basly, ils ont rendu inévitables les revendications les plus révolutionnaires contre les biens et les fortunes de tous les citoyens.

Les républicains, et le gouvernement qu'ils conduisent à leur fantaisie, se sont engagés sur la pente la plus dangereuse. Ils y glissent avec une rapidité effrayante; il suffit, pour s'en convaincre, de voir le chemin qu'ils ont parcouru en trois mois...

La première discussion.

Comme le rappelle M. Bérenger dans le rapport qu'il a rédigé au nom de la commission sénatoriale chargée d'examiner le projet d'expulsion, un certain nombre de « mesures de précaution » avaient déjà été prises contre les Princes :

« C'est ainsi, a-t-il écrit, qu'en 1883 le gouvernement a pris sur lui de retirer aux membres des anciennes familles régnantes les emplois dont ils jouissaient dans l'armée;

Que le congrès de 1884 les a déclarés inéligibles à la présidence de la République;

Que pareille inéligibilité a été prononcée par des lois plus récentes en ce qui concerce le Sénat et la Chambre des députés; qu'enfin l'ordre du jour voté le 4 mars dernier par l'autre Chambre a invité la vigilance du gouvernement à prendre, le cas échéant, les mesures que pourrait nécessiter l'intérêt supérieur de la République. »

Comment intervint ce dernier vote ?

Ce fut à la séance du 4 février 1886 que MM. Duché, Crozet-Fourneyron et quelques-uns de leurs collègues de la Chambre déposèrent une proposition de loi tendant à l'abrogation de la loi de 1871 qui avait autorisé les Princes d'Orléans à rentrer en France. M. Rivet, auteur d'une autre proposition demandant que les Princes fussent expulsés par décret du Président de la République, fut chargé de présenter un rapport sur ces deux propositions. Il le déposa le 27 février et la discussion s'engagea le 4 mars.

MM. Lefèvre-Pontalis et Keller combattirent vaillamment les demandes de proscription défendues tour à tour par MM. Ballue, Rivet, Duché et Clémenceau. Le Président du conseil, M. de Freycinet, s'opposa, au nom du gouvernement, à l'adoption du projet de loi. Il affirma que le gouvernement était suffisamment armé pour se se défendre si quelque danger surgissait, qu'il ne se laisserait pas prendre au dépourvu.

D'une part, il n'admettait pas que la présence des Princes en France fût « une cause de trouble et de péril »; il niait même qu'elle pût constituer un danger; « car, ajoutait-il, depuis un siècle nous assistons à cet étrange spectacle qu'au moment où des changements de régime se sont produits en France, **les Princes qui en ont profité n'habitaient pas sur le territoire de la République.** »

D'autre part, M. de Freycinet montrait à la majorité combien étaient graves les questions sollicitant réellement son attention. Il disait :

« Nous traversons en ce moment une période dont je ne dirai pas précisément qu'elle est une période difficile mais qui exige toute l'attention des pouvoirs publics. Nous traversons une période dans laquelle les événements ont accumulé des difficultés qui, sans être un danger, méritent néanmoins de notre part la vigilance la plus grande : les classes ouvrières souffrent autour de nous, le travail a ralenti son œuvre, nous sommes sous le coup d'une crise économique, commerciale, qui sévit sur le monde entier et sur certains points de la France : **est-ce que vous croyez que des mesures d'exception seront de nature à diminuer cette crise ?** »

En conséquence, il demanda à la Chambre de repousser une mesure qui n'était en rien justifiée.

La proposition Duché fut rejetée par 345 voix contre 195. La proposition Rivet qui établissait qu'en cas « d'actes ou de manifestations de leur part, un décret du Président de la République pourrait enjoindre à tout membre d'une famille ayant régné sur la France de sortir du territoire », fut également écartée par 333 voix contre 188.

La Chambre adopta seulement par 353 voix contre 112 un ordre du jour, présenté par M. de Lanessan, conforme aux déclarations du gouvernement. Il était ainsi conçu : « La Chambre, confiante dans l'énergie et dans la vigilance du gouvernement et convaincue qu'il prendra contre les membres des familles ayant régné sur la France les mesures nécessitées par l'intérêt supérieur de la République, passe à l'ordre du jour. »

Les lois de proscription.

Le gouvernement n'eût certainement pas songé de lui-même à faire montre de son « énergie », mais il fut mis en demeure par les radicaux, au mois de mai suivant, de sévir contre les Princes.

En mars, on avait pris pour prétexte de la première proposition quelques paroles prononcées en séance par un membre de la droite, et dans lesquelles celui-ci témoignait de son peu de confiance dans la durée du gouvernement républicain.

En mai, on prit pour argument principal un article de journal qui commentait à sa façon la soirée donnée à l'hôtel Galliera par Mgr le Comte de Paris à l'occasion du mariage de sa fille Mme la Princesse Amélie avec le Prince héritier de Portugal.

L'agitation factice créée autour de cette réception de famille avait un but unique. Il fallait un prétexte pour renverser le ministère qui déplaisait également aux gauches avancées et aux opportunistes. Se rappelant les précédentes déclarations de M. de Freycinet on pensait qu'il se refuserait à prendre contre les Princes, sans motif sérieux, la mesure réclamée de lui, de lui qui chargeait notre ambassadeur à Lisbonne de féliciter le roi de Portugal de l'union du Prince, son fils, avec une princesse française.

C'était mal le connaître.

Le projet du gouvernement.

Dès la rentrée des Chambres, le 27 mai, le ministre de la justice déposait, au nom du gouvernement, le projet de loi suivant :

Art. 1er. Le gouvernement est autorisé à interdire le territoire de la République aux membres des familles ayant régné en France.

L'interdiction est prononcée par un arrêté du ministre de l'intérieur pris en conseil des ministres.

Art. 2. Celui qui, en violation de l'arrêté d'interdiction, sera trouvé en France, en Algérie ou dans les colonies, sera puni d'un emprisonnement de deux à cinq ans.

A l'expiration de sa peine, il sera reconduit à la frontière.

L'urgence, réclamée par le ministre, fut prononcée, et M. Basly déposa aussitôt une seconde proposition tendant « à faire restituer à la nation les biens des familles ayant régné sur la France ». C'était la conséquence naturelle de la proposition du gouvernement.

Deux jours après la Chambre nommait la commission chargée d'examiner ces deux projets de loi.

Sur les onze commissaires élus cinq étaient opposés à toute loi d'expulsion : deux membres de la droite, MM. le comte de Mun et Jolibois, et trois républicains, MM. Henri Maret, Anatole de la Forge et Michou.

Les six autres, MM. Madier de Montjau, Camille Pelletan, Brousse, Burdeau, Tony Révillon et Desmons ne se contentaient pas de l'expulsion facultative et limitée telle que la portait le projet du gouvernement, ils exigeaient l'expulsion immédiate de tous les Princes.

Le gouvernement, on le voit, n'avait contenté personne et on pouvait être sûr, dès lors, que sa proposition ne serait pas votée.

Elle ne fut même pas discutée et, à la première réunion de la commission, dont M. Madier de Montjau avait été nommé président, M. Brousse déposa un contre-projet transactionnel que compléta M. Burdeau, et qui ne réussit pas cependant à rallier la majorité.

Il serait trop long de décrire par quelles étranges péripéties passa, dans la commission, le débat des diverses propositions qui lui étaient soumises, les concessions successives de la part du gouvernement, l'opposition persistante de la part des radicaux, les atténuations, adjonctions de toute sorte faites au texte primitif. Ce fut là une misérable comédie jouée entre ceux qui voulaient garder leur portefeuille et ceux qui voulaient le leur enlever.

Le gouvernement avait déclaré accepter le projet de M. Brousse qui limitait l'expulsion immédiate aux chefs des familles ayant régné sur la France et à leurs héritiers directs par ordre de primogéniture, c'est-à-dire à Mgr le Comte de Paris et à son fils le duc d'Orléans, au prince Napoléon et à son fils le prince Victor Napoléon. Mais les radicaux résistaient toujours. M. Maret, nommé d'abord rapporteur, fut remplacé par M. Pelletan qui, le 8 juin, déposa son rapport. Celui-ci présenta, au nom de la majorité de la commission, un contre-projet portant expulsion totale des membres des familles ayant régné en France.

A cette même date du 8 juin, en 1871, avaient été abrogées les lois d'exil. Cette seule coïncidence de dates a quelque chose de douloureux.

Discussion des lois d'expulsion devant la Chambre

PREMIÈRE SÉANCE

10 Juin

Le 10 juin, la discussion s'engagea devant la Chambre. Elle dura deux jours et fut marquée par des scènes d'une violence inimaginable dans lesquelles les radicaux firent maintes fois preuve de l'intolérance la plus écœurante. Les dates du 10 et du 11 juin 1886 resteront des dates historiques

Le droit, la justice, on pourrait dire la raison, furent hautement et vaillamment défendus par M. le comte de Mun, par M. Piou, par M. Dugué de la Fauconnerie et par M. Jolibois, et par quelques républicains soucieux de sauvegarder l'intégrité de leurs principes, MM. Henri Maret, Anatole de la Forge, Frédéric Passy et Michou.

M. de Freycinet, président du conseil et ministre des affaires étrangères, fut seul à soutenir le projet d'expulsion limitée, tandis que MM. Madier de Montjau, Camille Pelletan maintenaient la nécessité de l'expulsion totale.

Chacun sentait l'importance de ce débat dont le retentissement portait jusqu'au cœur du pays. Les tribunes du public étaient envahies, assiégées par une foule avide d'assister à cette grave discussion. Dans la Chambre, l'émotion était des plus vives ; les députés nerveux, agités, étaient tous à leurs bancs, et, de leur tribune, les membres du corps diplomatique suivaient attentivement cette lutte dans laquelle s'affirmaient avec tant d'impudeur les passions violentes des partis républicains.

Il faudrait reproduire en entier les discours si nets, si convaincants prononcés par les honorables députés conservateurs, il est nécessaire tout au moins d'en donner de longs extraits empruntés au compte rendu officiel.

Les discours

M. le comte de Mun prit le premier la parole, et après avoir rappelé l'opposition marquée au mois de mars, par M. de Freycinet, à la proposition Rivet, il se demanda quels évènements avaient motivé l'initiative prise par le gouvernement. Comme le dit l'honorable orateur : « On savait bien, à la vérité, qu'il y avait eu un mariage princier, mais d'abord on ne pensait pas que ce fût là une conspiration contre la République. »

On rendait aussi les princes responsables de l'organisation des comités électoraux, des comités de bienfaisance, voire même des syndicats agricoles. Mais là n'est pas la véritable raison. M. de Mun la dénonça en ces mots :

« Est-ce qu'elle ne saute pas à tous les yeux? Il y a quatre mois, dans cette séance du 4 mars, où M. le Président du Conseil a si énergiquement et si victorieusement repoussé toute idée d'expulsion, M. Clémenceau est intervenu dans le débat, à la fin de la discussion, et il a dit, avec sa netteté et sa précision habituelles, une parole que personne n'a oubliée : D'un côté il y a des princes, de l'autre le parti républicain, et c'est le cabinet qui couvre les princes contre le parti républicain.

« Voilà l'accusation qui pesait sur le ministère et dont il lui a fallu se laver; et comme une partie de la presse radicale s'était mise à redemander l'expulsion, on n'a pas osé s'exposer une deuxième fois à cette redoutable apostrophe; on a eu peur d'être suspect, suspect de modérantisme, et on a cherché le moyen, pour se sauver soi-même, de livrer les princes, en se compromettant le moins possible dans une affaire qu'on trouvait mauvaise. (*Applaudissements à droite*). »

Et M. de Mun, un moment après, constatait qu'il n'y avait personne parmi ceux-là même qui demandaient la proscription qui eût pris au sérieux les incidents par lesquels on la motivait.

Avec quel noble et beau langage il rappelait ensuite la gloire de la maison de France, la place qu'elle occupe dans l'histoire :

« Et vous qui avez renversé les droits héréditaires, s'écriait-il, vous ne vous souvenez de l'hérédité que pour en faire un titre à la proscription ! (*Vifs applaudissements à droite*).

« Vous ne vous êtes pas dit qu'après tout la famille de ces condamnés sans jugement avait fait la France... (*Vifs applaudissements à droite. — Nombreuses protestations à gauche.*)

« **M. le comte de Douville-Maillefeu.** Ah! oui, parlons-en!

« **M. le comte Albert de Mun**... que, sans les dix siècles de politique persévérante pendant lesquels leurs aïeux ont formé la nation... (*Vifs applaudissements à droite*).

« **M. de Douville-Maillefeu.** Allons donc ! et les Bonaparte !

« **M. Borie**... pour la livrer à l'Allemagne !

« **M. le comte Albert de Mun**... il n'y aurait peut-être pas de patrie française, et que cela valait bien un droit de cité sur le sol national. Non ! vous ne vous êtes pas dit cela ! Vous ne vous êtes pas dit que, s'il vous suffisait d'un vote et d'un trait de plume pour les arracher de la patrie, les souvenirs de quarante générations, de toutes les grandeurs... (*Protestations à gauche. — Nouveaux applaudissements à droite.*)

M. Borie. Vous preniez le fusil et non la plume pour nous proscrire !

M. le comte Albert de Mun... Vous ne vous êtes pas dit que le souvenir de toutes les grandeurs, de toutes les souffrances de la nation les accompagnerait dans l'exil...

M. Borie. Autant de travestissements de l'histoire, cela !

M. le vicomte de Bélizal. Au contraire, c'est l'histoire de France qui se dresse devant vous !

M. le comte Albert de Mun. Non ! vous ne vous êtes pas dit cela.

A gauche. Non ! Non !

M. le comte Abert de Mun. Il vous a paru tout simple de décréter contre eux une proscription perpétuelle ; et parce que cette famille avait été si profondément mêlée à la vie nationale, il vous a paru tout simple d'en faire une famille de parias sans terre et sans patrie, de refuser à ses membres le droit de vivre... (*Interruptions et bruit à gauche.*)

Il vous a paru tout simple de refuser à ses membres le droit de vivre sur le sol natal, ou, par un comble d'outrage, de leur y faire une condition pire que celle des étrangers, en leur concédant sous l'œil de la police une demeure et un foyer provisoire. (*Très bien ! Très bien ! et applaudissements à droite.*)

Voilà ce que vous appelez la justice ! et pour vous défendre de faire une loi d'exception, voilà ce que vous couvrez d'un nom nouveau, d'un nom prodigieux, le droit commun des princes, le droit à l'exil ! (*Applaudissements à droite.*)

Est-ce là ce que demande le pays ? Certes non, et selon l'expression même du vigoureux orateur, la France eût suivi ceux qui auraient essayé de bâtir la société nouvelle, « avec tout ce qu'il y a de grand et de vivant dans les traditions du passé et ce qu'il peut y avoir de fécond dans les idées de l'avenir. » Et il ajoutait : « Vous avez mieux aimé vous traîner dans le chemin battu des petites passions et des mesquines persécutions. Vous avez été, vous êtes de plus en plus un gouvernement de parti ; vous avez retenu du passé tout ce que vous lui aviez reproché et vous n'avez rien donné de ce que vous aviez promis pour l'avenir. »

Et bientôt M. de Mun terminait son remarquable discours par ces mots :

« Mais je me demande, je vous demande à vous-mêmes ce qui vous garantit contre l'avènement progressif de toutes les violences? Qui ? Le gouvernement ? Mais est-ce que le gouvernement n'a pas cédé successivement à toutes les exigences du parti radical? Ne cède-t-il pas tous les jours sur toutes les questions religieuses et sociales, politiques et militaires? (*Très bien et applaudissements à droite.*) Et aujourd'hui même, est-ce que nous ne le voyons pas nous proposer la proscription dont il ne voulait pas hier et qu'il ne demande aujourd'hui que pour aller au-devant de la violence qu'on lui impose? Où s'arrêtera-t-il? Vous savez bien que sur la pente plus on glisse plus on va vite, et qu'à force de suivre ceux à qui on n'ose pas résister, on finit un jour par les conduire. (*Applaudissements à droite.*)

« Messieurs, vous êtes en face de cette situation. Le moment est grave pour la Chambre; c'est à elle de prendre son parti et de marquer nettement si c'est là sa politique. Quoiqu'on dise ici, au dehors le vote qu'elle rendra aura cette décisive signification. Autrefois, dans les anciennes assemblées, on partageait les votants en les faisant sortir par des issues opposées, eh bien? il y a aujourd'hui devant vous deux portes ouvertes : la porte de la justice et la porte de la proscription, c'est à vous de choisir. Mais souvenez-vous que les assemblées qui franchissent la porte de la proscription, ne retournent jamais en arrière. (*Applaudissements répétés à droite*).

(*L'orateur, en retournant à sa place, est entouré et félicité par ses collègues de la droite.*)

Jamais ovation ne fut mieux méritée.

Après un long et ridicule discours de M. de Susini, **M. Dugué de la Fauconnerie** montra aux gauches quelle faute elles allaient commettre « en frappant des Princes parce qu'ils sont Princes, après quinze ans de régime républicain », quel déplorable effet causerait dans le pays cette mesure inique :

« Je dis, s'écriait-il, que quand, sans nécessité, vous frappez les membres de ces familles, comme des conspirateurs, comme des factieux, vous froissez, vous heurtez les sentiments des braves gens, même les plus indifférents à la forme gouvernementale, exactement comme dans la question de la liberté religieuse, avec laquelle vous avez, vous entendez bien, froissé, mécontenté, atteint les gens les moins fanatiques et les moins pratiquants, mais qui, à défaut de passion religieuse, ont la passion de la liberté. (*Très bien ! Très bien ! à droite.*)

Puis M. Madier de Montjau prit la parole pour obtenir de la Chambre qu'elle votât l'expulsion immédiate de tous les Princes. Dans un discours d'une violence extrême, ce patriarche du radicalisme préconisa la proscription. Mais faut-il s'arrêter à de semblables folies de langage ? Cependant il est un mot de M. Madier de Montjau qu'il est nécessaire de retenir, parce qu'il dévoile toute une politique, la politique radicale. Il l'a résumée dans cette courte phrase : « **Débarrassons-nous vite de ce qui nous gêne.** »

M. Anatole de la Forge, un républicain, lui répliquait quelques minutes plus tard :

« Les partisans de l'expulsion à tout prix finiraient par faire croire au pays que la République a peur. » — Rien n'est plus vrai. — Et il ajoutait : » C'est entre la politique d'inspiration jacobine et la politique d'inspiration libérale que la Chambre des députés devra choisir. » Or, c'est la politique jacobine qui a triomphé.

Cette première séance du 10 juin se termina par un beau et sage discours de M. **Piou** dans lequel l'honorable orateur réclama de la République « non pas de la générosité, mais la justice, le droit, le respect de l'égalité et de la liberté individuelle, le respect des principes au nom desquels elle s'est établie dans notre pays. » Puis, relevant la sorte de « maxime de droit public » établie par M. Madier de Montjau contre les Princes, M. Piou montrait que « ces anathèmes portés contre une race, ces malédictions qui s'étendent sur toute une famille pour aller frapper jusqu'à ses derniers rejetons, sont indignes du temps où nous vivons. »

Et il ajoutait :

« Ces Princes sont donc bien puissants, que vous les redoutiez à ce point ! Votre gouvernement est donc bien faible, qu'il suffise d'une soirée de contrat donnée par le comte de Paris pour le mettre en péril ! Car, quoi que vous disiez, personne en France ne croira que vous proscriviez pour l'honneur des principes.

« Mais quel parti allez-vous tirer de cette proscription ? Serez-vous plus forts après ? l'opposition, que vous espérez désorganiser sera-t-elle plus faible ?

. . . .

Ce qui fait la puissance de cette opposition, ce qui l'a rendu assez redoutable pour exciter vos alarmes .. (*Rumeurs à gauche. — Très bien! à droite.*), c'est qu'elle s'est recrutée d'une foule d'hommes qui n'appartiennent à aucun parti, qui, très enclins à douter de l'efficacité des formules politiques, ne demandent pas à un gouvernement le nom qu'il porte, mais le bien qu'il fait. (*Très bien! très bien! à droite.*) Ce qu'ils lui demandent, c'est d'assurer l'ordre avec la sécurité du lendemain, de donner une autorité forte et respectée, des libertés sagement réglées ; c'est d'imposer silence à l'esprit de parti et à l'esprit de secte ; ce qu'ils lui demandent, c'est l'équité la concorde, la tolérance, et, par-dessus tout, la paix sociale et la paix religieuse ». (*Applaudissements à droite.*)

M. Gillet. Et un sauveur !

M. Jacques Piou. Non, non, ils n'ont nul besoin de sauveur, car ils se sentent très capables de se sauver eux-mêmes au moins par le respect du droit, par la pratique sincère de la justice et de la liberté.

Tous ces hommes, que votre politique a blessés dans leurs intérêts, dans leurs croyances, dans leur respect du droit, ont formé en se groupant d'eux-mêmes, cette armée formidable qui s'est levée au 4 octobre.

Vous vous flattez de mettre le trouble dans ses rangs, en ajoutant un nouveau et irréparable grief à tous ceux que vous lui avez donnés déjà. Détrompez-vous; après vos lois de proscription, elle sera et plus unie et plus nombreuse, et l'injustice que vous avez commise n'aura fait que préparer sa prochaine victoire. (*Applaudissements à droite. — Rumeurs à gauche.*)

M. Gillet. Vous reconnaissez le danger! c'est un aveu!

M. Jacques Piou. Pensez-vous donc que le bon sens public se méprenne sur le véritable but de vos lois de proscription? Vous voulez retenir, par un éclatant témoignage de votre force, l'opinion qui vous échappe; c'est l'opinion qui vengera les droits de la justice que vous avez violée. (*Très bien! très bien! à droite.*)

Il concluait enfin par ces mots prophétiques :

Et maintenant, laissez-moi vous dire un dernier mot.

Cette grande démocratie française, qui est affamée d'ordre et de stabilité, qui veut travailler en paix au relèvement de sa grandeur et au développement de sa prospérité, ne se laissera pas arrêter dans sa marche par les fautes de ses gouvernants.

Le jour où sa patience sera lassée, vous aurez beau proscrire et proscrire encore; rien n'y fera; vous ne l'empêcherez pas d'aller chercher partout où ils seront, fût-ce en exil, des chefs capables de la comprendre et dignes de la conduire. (*Vifs applaudissements à droite.*)

On ne pouvait mieux démontrer l'incapacité, la faiblesse, l'aveuglement des républicains et la force que donne aux conservateurs le sentiment du droit et de la vérité.

DEUXIÈME SÉANCE

11 Juin

La deuxième séance de ce mémorable débat tient pour
ainsi dire tout entière dans le discours prononcé par
M. de Freycinet. Cependant il faut citer les courageuses
protestations de trois républicains MM. Maret, Frédéric
Passy et Michou.

M. Maret finit son discours par ces paroles précieuses
à noter :

Messieurs, je termine en craignant que l'histoire ne dise quelque
chose de plus fâcheux, qu'elle ne dise peut-être ceci : qu'après une
série de fautes, les gouvernements d'alors crurent tout réparer en
jetant au peuple cet os à ronger : l'expulsion de princes impopu-
laires.

La nation française ne prendra pas le change; je crains que vous
ne tombiez dans une fatale erreur si vous vous imaginez recon-
struire sur ce sable votre popularité ébranlée.

M. Frédéric Passy ensuite releva surtout l'aveu si cruel
de M. Madier de Montjau.

Êtes-vous bien sûrs, s'écria-t-il, qu'en ouvrant, comme on l'a dit,
l'ère des proscriptions, en vous laissant glisser sur ce que j'appel-
lerai, en employant la pittoresque expression de M. le ministre du
commerce, la pente savonnée des proscriptions et des violences,
êtes-vous bien sûrs que vous ne vous exposez pas à voir se reproduire en sens inverse les malheurs et les violences que nous pou-
vions alors prévoir?

Il faut nous débarrasser de ce qui nous gêne, monsieur Madier
de Monjau. (*Rumeurs à gauche.*)

Prenez garde encore une fois. Les Girondins gênaient Danton;
Danton gênait Robespierre. Ils s'en sont débarrassés; on s'est
débarrassé d'eux, et 93 a tué 89. Prenez garde! Il y aura toujours
dans une société quelque chose ou quelqu'un qui gêne quelqu'un
ou quelque chose.

Je le répète une dernière fois, prenez garde! N'ouvrez pas cette porte par laquelle peuvent passer l'honneur, la richesse, la tranquillité de la France ! Attachez-vous invinciblement à la seule ancre qui soit une ancre de salut, à l'ancre éternellement solide : la justice et la liberté. (*Applaudissements à droite et sur plusieurs bancs du centre. — Exclamations à gauche.*)

Discours de M. de Freycinet

Enfin le Président du Conseil, qui s'était réservé pour la fin de la discussion, monta à la tribune, et il s'efforça, tout d'abord, de démontrer que la qualité de Prince faisait à ceux qui portaient ce glorieux titre, une situation inacceptable pour le gouvernement républicain.

Insistant sur cet étrange argument, M. de Freycinet revint à plusieurs reprises sur la nécessité pour la République, d'écarter « un gouvernement coexistant à côté d'elle et pouvant faire douter de la solidité et de l'avenir du régime qui est assez faible pour tolérer de semblables agissements. »

Mais objectera-t-on, comment se fait-il que la République ait pu, en 1871, abroger les lois d'exil et qu'après quinze ans, elle éprouve le besoin de les rétablir ?

M. de Freycinet répond d'abord que l'Assemblée nationale était monarchique, quoique nombre de républicains aient voté pour le retour des Princes en France, puis il explique **comment les Princes de la Maison de France sont devenus un danger pour la République.**

Il faut lire avec le plus grand soin ce passage du discours de M. de Freycinet :

« Ah ! je reconnais que le danger qui est résulté de cette abrogation ne s'est pas fait sentir immédiatement, et la raison en est simple. A l'Assemblée nationale, les concurrents se faisaient contrepoids mutuellement. (*Nouvelles marques d'approbation à gauche et au centre.*) Ainsi que le remarquait M. Thiers, que je cite volontiers dans cette question, car, je le répète, il a été la sagesse même dans ce discours mémorable, il disait : « Il y a trois têtes pour une couronne, » et il constatait cela précisement pour tranquiliser les républicains. Et, en effet, il y avait le Prince Impérial, le comte de Chambord et la dynastie d'Orléans qui venait de rentrer et qui ne s'était pas encore fusionnée avec la Maison de Bourbon. C'était comme une trinité, une sorte de trilogie d'aspiration à la succession de la République, d'où naturellement il devait résulter un état de neutralisation réciproque ; on comprend très bien que dès lors le danger n'ait pas surgi immédiatement. Il ne pouvait pas surgir. Il n'a commencé que plus tard. En 1873, la fusion entre la branche d'Orléans et la branche de Bourbon l'a accentué. Cette nouvelle situation a montré qu'il y avait là un danger qui pourrait grandir ; mais ce danger s'est surtout manifesté quelques années après.

« C'est en 1879, quand le Prince impérial est mort, et qu'alors le terrain est devenu plus libre, et surtout, en 1883, quand le comte de Chambord, à son tour, est descendu dans la tombe, qu'il n'est plus resté sur le territoire de la République **qu'un seul concurrent sérieux, qu'une seule aspiration sérieuse à la domination,** celle de la maison d'Orléans. (*Applaudissements répétés à gauche et au centre. — Interruptions à droite*).

« *Voix à gauche.* Et les bonapartistes, qu'en faites-vous ?

M. Jolibois. M. le Président du conseil fait ici ce qu'il a fait dans la commission. Il désigne les Princes d'Orléans pour le trône. Je demande la parole.

« **M. le président.** Si vous demandez la parole, n'interrompez pas.

« **M. le président du conseil.** Jusqu'en 1883, comme je le disais, le danger résultant de l'abrogation de la loi de 1874 était beaucoup moindre par l'excellente raison que les concurrents, les prétendants au trône étaient hors de France. Le Prince impérial, jusqu'en 1879, le véritable prétendant de la maison Bonaparte, et le comte de Chambord, jusqu'en 1883, c'est-à-dire jusqu'au moment de sa mort, étaient hors du territoire.

« Ce danger particulier, auquel j'ai fait allusion en commençant, ce danger qui provient de ce qu'à côté du gouvernement régulier se constitue un gouvernement en expectative, ce danger qui résulte de la présence même des prétendants, ce danger ne pouvait exister, puisque les véritables prétendants avaient la noblesse de se tenir hors de la frontière. (*Applaudissements à gauche et au centre*).

« Mais depuis 1883, le parti républicain a commencé à avoir le sentiment de ce danger. Et, depuis ce moment, on peut dire qu'il y a une longue aspiration de ce parti vers des mesures destinées à le protéger. »

Comment dire plus nettement que les Princes d'Orléans sont les seuls qui craigne la République. D'ailleurs, M. de Freycinet n'avait-il pas déjà déclaré devant la commission que s'il demandait l'expulsion des Princes de la famille Bonaparte c'était uniquement « par un sentiment d'équilibre », et « pour ne pas leur manquer d'égards ».

Cependant il fallait paraître tout au moins formuler, en ce qui touchait les Princes d'Orléans, quelques griefs, citer quelques faits. Et alors, après avoir énoncé ce piteux argument, à savoir que les Princes qui « bénéficient de droits d'exception », notamment puisqu'on les nomme colonels à 21 ans, ont tort de se plaindre de mesures d'exception, le Président du Conseil essaya de prouver l'importance des actes reprochés aux Princes. Quels sont ces actes ? Toujours la soirée donnée à l'Hôtel Galliéra par Monsieur le Comte de Paris, soirée que M. de Freycinet a présentée comme une manifestation préparée de longue date, — ce qui est faux, — et qui tirait un caractère particulier des invitations adressées aux ambassadeurs des puissances étrangères.

C'est en vain que l'on chercherait un autre argument dans le discours du Président du Conseil. Mais celui-ci ne savait-il pas qu'il n'en fallait pas plus pour convaincre la majorité ?

M. Jolibois, qui prit la parole après M. de Freycinet, releva avec beaucoup d'esprit le ridicule de cette argutie et il dévoila la vraie situation dans laquelle se trouvent les républicains :

« Vous ne pourriez accomplir cet abus de pouvoir, dit-il, qu'à la condition de démontrer ou au moins de prétendre devant la Chambre, qui apprécierait, que la République est en danger.

« Mais vous vous gardez bien de tenir un tel langage; vous n'avouez pas qu'elle est ébranlée; et voulez-vous que je développe toute ma pensée : vous ne le dites pas, précisément parce que c'est la vérité ! (*Applaudissements à droite. — Protestations à gauche*).

« *Un membre à gauche.* Essayez de la renverser!

M. Jolibois. Et alors, pour masquer en partie cette situation, vous vous retranchez derrière les petits faits, vous mettez en avant de petites considérations, et vous insinuez timidement que si l'on n'y prend garde, la République va tomber en discrédit.

« Oh! il n'y aura bientôt plus rien à faire à cet égard. » *Applaudissements et rires approbatifs à droite).*

Les scrutins.

La discussion générale fut close après ce discours. M. Barodet lut alors, au nom de vingt membres de l'extrême gauche, une déclaration hostile à toute expulsion. M. Pesson la repoussa également, tandis que M. Michelin se présenta comme converti aux mesures d'exception.

Par **310** voix contre **233** la Chambre décida de passer à la discussion des articles,

M. Camille Pelletan défendit alors le projet de la commission portant : « Le territoire de la République française reste et demeure interdit à tous les membres des familles ayant régné sur la France ».

Il fut, dans un scrutin à la tribune, repoussé par :

314 voix contre 220.

Contre-projet Brousse.

Il ne fut même pas question du projet primitif du gouvernement, M. de Freycinet ayant déclaré se rallier au contre-projet de M. Brousse ainsi conçu ;

Art. 1er. Le territoire de la République est et demeure interdit aux chefs des familles ayant régné en France et à leurs héritiers directs, dans l'ordre de primogéniture.

Art. 2. — Le Gouvernement est autorisé à interdire le territoire de la République aux autres membres de ces familles. L'interdiction est prononcée par un décret du Président de la République, rendu en conseil des ministres.

Art. 3. Celui qui, en violation de l'interdiction, sera trouvé en France, en Algérie ou dans les colonies, sera puni d'un emprisonnement de deux à cinq ans. A l'expiration de sa peine, il sera reconduit à la frontière.

Art. 4. Les membres des familles ayant régné en France ne pourront entrer dans les armées de terre et de mer, ni exercer aucune fonction publique, ni aucun mandat électif.

Aussitôt on mit aux voix l'article 1.

Il fut adopté par :

315 voix, contre 232.

L'article 2 fut également voté par :

316 voix, contre 219.

Les articles 3 et 4 furent ensuite adoptés à mains levées ainsi que le projet dans son ensemble. Il était neuf heures un quart, quand ce dernier vote fut rendu.

L'iniquité était consommée.

Scrutin sur l'article 1

Voici les noms des députés qui ont voté l'article 1er du projet d'expulsion :

ONT VOTÉ POUR :

MM.

Abeille, Achard, Allain-Targé, Audiffred, Aujame.

Baïhaut, Balluc, Baltet, Barbe, Barré, Barrière, Bastid (Adrien), Beauquier, Belle (Indre-et-Loire), Béranger (Paul), Berger (Nièvre), Bernard (Doubs), Bernier, Binachon, Bizarelli, Bizot de Fonteny, Blanc (Pierre), Blandin, Blatin, Boissy-d'Anglas, Borie, Boucau

(Albert), Bourganel, Bourgeois (Jura), Bourlier, Bourneville, Bousquet, Bovier-Lapierre, Brelay, Brialou, Brisson (Henri), Brousse (Emile), Brugeilles, Brugère (Aurélien), Brugnot, Burdeau, Buvignier, Buyat.

Calès, Cantagrel (Seine), Carnot (Sadi), Carret (Jules), Casse (Germain), Cavaignac (Godefroy), Cavalié, Cazauvieilh, Ceccaldi, Chaix (Cyprien), Chanson, Chantagrel (Puy-de-Dôme), Chavanne, Chavoix, Chevandier, Chevillon, Clauzel, Clémenceau, Cochery (Adolphe), Cochery (Georges), Colfavru, Compayré, Constans, Cordier, Corneau, Cornudet, Cousset, Crémieux, Crozet-Fourneyron.

Danelle-Bernardin, Daumas, Dautresme, Deandreis, Deguilhem, Delattre, Dellestable, Delmas, Deluns-Montaud, Deniau, Deproge, Derevoge (Thomas), Desmons, Dethou, Devade, Develle (Jules), Douville-Maillefeu (comte de), Dreyfus (Camille), Dubois, Dubost (Antonin), Duchasseint, Duché (Loire), Ducher (Claude) (Ain), Ducoudray, Ducroz, Duguyot, Duportal, Dupuy (Aisne), Dupuy (Charles) (Haute-Loire), Durand-Savoyat, Dureau de Vaulcomte, Dutailly, Duval (César) (Haute-Savoie), Duvaux, Duvivier.

Etienne.

Fagot, Fallières, Farcy, Faure (Fernand) (Gironde), Faure (Hippolyte) (Marne), Ferrary, Ferry (Albert), Ferry (Jules), Folliet, Forest, Franconie, Frébault.

Gagneur, Gaillard (Gilbert) (Puy-de-Dôme), Gaillard (Jules) (Vaucluse), Galtier, Ganault, Gastellier, Gaulier, Germain, Gerville-Réache, Giguet, Gilbert, Gillet, Goblet (René), Gobron, Granet, Gros (Jules), Guillaumou, Guillemaut, Guillot (Louis), Guyot (Paul) (Marne), Guyot-Dessaigne.

Hanotaux, Héral, Hérédia (de), Hérisson, Horteur, Hubbard (Gustave-Adolphe), Hude, Hugues (Clovis), Humbert (Frédéric), Hurard.

Imbert (Loire).

Jacquemart, Jacquier, Jamais (Emile), Jaurès, Joigneaux, Joubert, Jouffrault, Jourdan (Louis), Jouvencel (Paul de), Jullien, Jumel.

Labordère, Labrousse, Labussière, Lacôte, Lacretelle (Henri de), Lacroix (Sigismond), Lafont, Lagrange, Laisant, Lamazière (Daniel), Lamothe-Pradelle, Lanessan (de), Laporte (Nièvre), La Porte (de) (Deux-Sèvres), Laroze (Alfred), Laroze (Léon), Lasbaysses, Lascombes, Lasserre, Laur, Lavergne (Bernard), Laville, Lefebvre (Seine-et-Marne), Léglise, Legludic, Leporché, Leroy (Arthur) (Côte-d'Or), Lesage, Lesguillier, Letellier, Lévêque, Levet (Georges), Levrey, Leydet, Leygues, Liouville, Lockroy, Lombard (Isère), Loranchet, Loustalot, Lyonnais.

Madier de Montjau, Magnin, Mahy (de), Maillard, Margaine, Marmonier (Henry), Marty, Mathé (Félix) (Allier), Mathé (Henri) (Seine), Maunoury, Maurel (Var), Maurice Faure (Drôme), Mellot

Ménard-Dorian, Ménnesson, Michel, Michelin, Millerand, Million (Louis), Mondenard (de), Monis, Montaut (Seine-et-Marne), Mortillet (de), Munier.

Nadaud (Martin), Noblot, Noirot.

Obissier Saint-Martin, Ordinaire (Dionys).

Pajot, Papon, Pelisse, Pelletan (Camille), Périllier, Perin (Georges), Pernolet, Peytral, Philippon, Pichon (Seine), Pierre Alype, Pochon, Ponlevoy (Frogier de), Pons-Tande, Poupin, Pradon, Pressat, Préveraud, Proust (Antonin), Prudon.

Ranson. Raspail (Benjamin) (Seine), Rathier, Raynal, Razimbaud, Remoiville, Reuillet, Revillon (Tony), Rey (Aristide), Reymond (Francisque), Ricard, Richard (Georges) (Deux-Sèvres), Richard (Drôme), Ringuier, Rivet (Gustave), Rivière, Roche (Jules) (Savoie), Rochet, Roque (de Fillol), Rouvier, Royer, Rumillet-Charretier.

Sabatier, Saint-Ferréol, Saint-Prix, Saint-Romme, Salis. Sandrique, Sarlat, Sarrieu, Santenac, Simonnet, Simyan, Sonnier (de), Sourigues, Spuller, Steeg, Susini (de).

Tassin, Théron, Thévenet, Thiers, Thomson, Tondu, Treille (Alcide), Trouard-Riolle, Turigny, Turquet, Turrel (Adolphe).

Vacher, Vergoin, Vernière, Versigny, Vielfaure, Viette, Viger. Vilar (Edouard), Villeneuve, Viox.

Wickersheimer, Wilson.

Yves-Guyot.

MM.

Amagat, Arène (Emmanuel), Astima.

Borriglione, Boullay, Bourrillon, Boysset.

Casimir-Perier (Aube).

Ernest Lefèvre (Seine), Escande (Georges).

Floquet (Charles), Foubelle, Fousset.

Houdaille.

Jametel, Javal.

Méline, Mérillon.

Planteau, Prévet.

Raspail (Camille) (Var), Rondeleux, Roure.

Steenackers.

UNE VISITE A EU

Le lendemain, les journaux conservateurs flétrissaient comme elle le mérite, cette besogne honteuse, et, au même moment paraissait dans le grand journal anglais le *Times*, un long article ému, dans lequel son correspondant parisien, M. de Blowitz, racontait le voyage qu'il venait de faire au château d'Eu et l'entrevue qu'il avait eue avec Mgr le Comte de Paris.

Voici les passages principaux de ce récit :

En passant hier soir au Tréport j'ai trouvé sa population d'honnêtes pêcheurs atterrés par la menace d'expulsion dirigée contre la famille du Comte de Paris.

Aussitôt qu'on a su que j'arrivais de Paris et que j'avais l'intention d'aller à Eu, j'ai été entouré et on m'a demandé si la proposition serait réellement votée. Sur ma réponse affirmative, j'ai vu ces figures hâlées s'assombrir encore davantage, pendant que les femmes, aussi rudes que les hommes, habituées qu'elles sont aux plus durs travaux, versaient des larmes sur le sort de « cette belle famille ».

Le Comte de Paris m'ayant fait savoir qu'il me recevrait ce matin à dix heures, j'entrai dans dans la cour au moment où l'horloge du château sonnait l'heure, et je fus introduit par le comte d'Haussonville dans une petite pièce du rez-de-chaussée. Le Comte de Paris entra au bout de quelques minutes. Je le remerciai d'avoir bien voulu me recevoir et lui expliquai que je n'étais pas venu pour le questionner (*l'interviewer*), mais simplement pour lui exprimer ma sincère sympathie à l'occasion de l'exil dont l était menacé.

— Oh ! me répondit-il, je n'ai pas plus besoin de demander le secret dans ce cas-ci que dans tant d'autres circonstances. Je n'ai pas à me cacher de vous avoir parlé, non plus qu'à vous demander de le cacher. Quand j'ai appris, dans la gare de Talavera, qu'on venait de soumettre à la Chambre un projet d'expulsion, je n'ai pensé ni à moi, ni même à ma famille ; j'ai pensé à mon pays, j'ai été en proie à un profond chagrin en voyant qu'après cent ans de luttes, l'ère des proscriptions n'était pas terminée et qu'on verrait encore des enfants de la France errer sans patrie sur la terre étrangère.

. . . .

— Comme il est probable qu'on adoptera la proposition de bannir seulement vous et le duc d'Orléans, en permettant aux autres princes de rester, à des conditions plus ou moins acceptables, les autres princes vous suivront-ils?

— Pour ce qui est de mon frère, je lui ai déjà fait connaître clairement mon désir de le voir rester. Comme il aura le droit de le faire, je désire qu'il reste si je ne le peux pas, et qu'il continue à habiter ce pays d'où je serai banni. Je vous ai déjà dit que j'ai l'intention de ne me fixer nulle part ; je ne peux pas lui demander de me suivre dans mes déplacements et de résider où il me plaira de vivre suivant les circonstances ou suivant mes préférences. Ce sera une consolation pour moi de savoir qu'il est ici, et je connais trop bien son affection pour moi pour ne pas user de mon autorité et lui dire de rester en France.

On a beaucoup parlé du duc d'Aumale, et quand il a su comment on l'avait défendu contre les propositions d'exil, il a été très peiné. Il est donc venu me voir sans perdre un instant et l'a fait annoncer partout. C'était la meilleure manière de répondre à cette explication de son maintien en France. Je dirai de lui ce que j'ai dit du duc de Chartres. Je ne peux pas lui infliger des déplacements. Il n'a pas, comme moi, les devoirs de la situation exceptionnelle dans laquelle cette loi me met ; car elle me donne une situation si exceptionnelle et si distincte que si je l'avais prise de moi-même, on me l'aurait imputée à crime. En me détachant du reste de ma famille, on me classe plus formellement que je ne me suis jamais classé moi-même, et, si j'avais plus d'orgueil que de patriotisme, je ne pourrais qu'en être enchanté. Quant aux autres princes, ils n'ont jamais figuré dans la politique et ont borné leurs désirs à servir leur pays. Il est donc équitable qu'on les laisse en paix.

. . . .

A ce moment on vint annoncer que le déjeuner était servi, au premier étage, où se trouve la salle à manger.

Outre le comte et la comtesse de Paris, il y avait à table : le duc d'Orléans, la princesse Hélène, la princesse Isabelle, le comte et la comtesse d'Haussonville et leurs deux filles, le docteur Guénaud de Mussy, l'inséparable et fidèle ami de la famille ; M. Emmanuel Bocher, le fils du dévoué sénateur qui a toujours défendu avec tant d'éloquence la cause de la famille d'Orléans ; M. Froment, le précepteur du jeune duc d'Orléans, et un autre ami et familier de la maison dont le nom m'échappe. Le jeune duc d'Orléans a dix-sept ans. Il s'est beaucoup développé dans ces dernières années. Sa physionomie est intelligente, pleine d'énergie et de vivacité, et ses yeux bleus regardent en face avec une mâle franchise.

C'est un tempérament énergique et robuste, marcheur infatigable, très fort à l'escrime, à la nage, en équitation, tirant avec une adresse rare ; il parle quatre ou cinq langues modernes d'une façon correcte et facile ; et bien qu'il n'ait pas une grande passion pour les lettres, il aime beaucoup Horace et Virgile, connaît assez la littérature française et contemporaine, et assez d'histoire pour n'être étranger à aucune conversation.

La princesse Hélène, qui a quinze ans, est, comme tous les enfants du comte et de la comtesse de Paris, grande, mince, d'une physionomie charmante, a un sourire plein de grâce et de bonté, avec un teint d'une pureté éclatante et un chevelure blonde qui entoure sa jolie figure d'une façon tout à fait lumineuse.

La petite princesse Isabelle a huit ans. C'est la plus délicieuse petite personne que l'on puisse imaginer : une tête de chérubin, éveillée, avec des cheveux blonds et fins, coupés court sur le front et retombant en longues boucles à reflets d'or sur le cou.

Une adorable petite figure de Keepseake. Elle parle couramment et distinctement l'anglais et exerce un charme indicible par la gentillesse de ses manières et la bonté intelligente de ses yeux et de son sourire. Le comte de Paris a encore deux enfants plus jeunes, la princesse Louise, qui a quatre ans, qui ne paraît pas à table, mais qui est un baby dont tout le monde raffole, et le dernier petit prince, qui a deux ans, et que l'on dit plein de force et de santé.

En voyant cette famille rare, si unie dans son affection, si simple et si cordiale dans ses allures, si admirablement douée sous tous les rapports, dans cette demeure paisible, loin du bruit, patriarcale et sans morgue, et en songeant qu'à l'heure même où je la voyais ainsi, on se préparait, au Palais-Bourbon, à la chasser de son pays, à la rendre errante, étrangère à son sol, à sa langue, à ses amis, sans

patrie et sans repos, un sentiment d'involontaire amertume envahissait mon cœur, et, comme si tous ceux qui
m'entouraient fussent saisis de la même impression, il se
fit un grand silence autour de cette table, et le maître de
la maison, frappé de la tristesse silencieuse qui se lisait
sur toute les figures, fit un signe à la comtesse de Paris,
assise en face de lui, et on se leva.

LA LOI D'EXPULSION DEVANT LE SENAT

La Chambre avait voté le 11 dans la soirée le projet Brousse accepté par le gouvernement.

Dès le lendemain M. Demôle, ministre de la justice — ce titre ne semble-t-il pas une ironie en cette circonstance — saisissait le Sénat de la proposition d'expulsion, et la Chambre haute nommait, le mardi suivant 15, la commission qui devait se prononcer sur son rejet ou son adoption.

En réalité le Sénat n'avait pas attendu le dépôt du projet pour se préoccuper de la question ; les différents groupes républicains avaient délibéré officieusement et une majorité assez considérable semblait acquise au projet voté par la Chambre.

On fut donc étonné d'apprendre que les commissaires élus par les bureaux du Sénat étaient en majorité hostiles au projet déposé par le gouvernement. Six membres se déclaraient hostiles à la proposition. C'étaient MM. Barthélemy Saint-Hilaire, Bérenger, Schérer, Dide, de Pressensé, et Robert de Massy. Les trois membres favorables au projet étaient MM. Journault, Henri Didier et une soixantaine de sénateurs s'étaient abstenus de prendre part au vote.

Les explications données à la commission par le gouvernement ne modifièrent pas le sentiment de la majorité qui repoussa les amendements de conciliation présentés par M. Bozérian et par M. Marcel Barthe et conclut au rejet du projet adopté au Palais-Bourbon.

M. Bérenger fut chargé de rédiger un rapport en ce sens. Il en donna lecture au Sénat le samedi 19 et le 21 s'ouvrit le débat public.

La discussion, à laquelle les orateurs de la droite et du centre gauche opposés à l'expulsion surent donner l'ampleur que comportait la cause qu'ils défendaient, dura deux jours comme à la Chambre. On ne saurait mettre trop en lumière les remarquables discours prononcés au nom du droit et de la justice par M. Jules Simon, par M. Léon Renault, par M. Bardoux, par M. Bérenger et enfin la noble et belle protestation de M. le duc d'Audiffret-Pasquier.

Le Sénat, fait assez curieux, allait avoir comme la Chambre, à se prononcer sur une décision de sa commission contraire à la loi qui lui était présentée. Mais alors qu'à la Chambre la commission aggravait le projet du Gouvernement, au Sénat le rapporteur concluait au rejet de toutes les propositions.

PREMIÈRE SÉANCE

21 Juin

Le seul discours auquel il faille s'arrêter, parmi ceux prononcés pour réclamer l'expulsion, est celui de M. de Freycinet. Le président du conseil ne parla qu'à la seconde séance.

Le premier jour, ce grave et décisif débat fut ouvert par un long et insipide discours de M. Journault qui adjura le Sénat de ne pas « assumer la grave et lourde res-

ponsabilité du rejet du projet de loi réclamé par le Gou
vernement et voté par la Chambre. » Il se dispensa de
donner aucune autre raison à l'appui de sa demande.

M. Jules Simon

Mais M. Jules Simon lui succéda à la tribune et
l'honorable orateur du centre gauche prononça un remarquable et véhément discours en faveur du droit et de la
liberté.

Examinant d'abord la situation des Princes il s'indi-
gna qu'on leur refusât ce titre de « citoyens » que le
suffrage universel a consacré, puis il chercha pour quels
motifs on s'était résolu à demander leur expulsion.

Il s'écriait :

Pourquoi avez-vous pris cette mesure ? M. Bérenger vous dit dans
son rapport : Nous ne trouvons pas de faits dominants ; nous ne
voyons dans vos allégations qu'un certain nombre de faits d'une importance médiocre. Je vais un peu plus loin : car je dirai que les
faits qui sont signalés, soit dans les documents qu'on vous a remis,
soit dans les discours que nous avons lus, n'ont aucune espèce d'importance ni de gravité. (Bruit à gauche. — Très bien ! à droite.) Ils
en ont si peu que généralement, quand on discute cette loi, on omet
d'en parler, soit d'un côté, soit de l'autre, parce qu'on les trouve un
peu légers et que rien qu'en faisant l'énumération on est un peu
étonné que des motifs de cette espèce aient suffi à mettre en mouvement toute la machine gouvernementale, et à arrêter, en quelque
sorte, la vie du pays pendant quelque temps, car le pays est attentif
à ces débats comme à quelque chose d'une gravité exceptionnelle.

Et il prouvait ensuite que si un Gouvernement hostile
à la République existe à côté d'elle, ainsi que l'ont affirmé
les ministres, ce n'est pas à l'hôtel Galliera qu'il se trouve,
mais bien à l'Hôtel-de-Ville de Paris

Mais alors il faudrait nous montrer ce Gouvernement. Quant à
moi, je ne le connais pas, je n'en vois la trace nulle part. Savez-vous

où je vois un Gouvernement en dehors du vôtre, et un Gouvernement qui commence à se montrer ?

Je le vois dans un corps officiel, je le vois à l'Hôtel de Ville. (Très bien ! très bien ! à droite et au centre.)

Notez bien, messieurs, que je ne dis pas qu'il y ait à l'Hôtel de Ville un corps dont la majorité soit en insurrection contre la République ; je dis que, dans ce corps il y a une minorité nombreuse, importante par son nombre et par la capacité de plusieurs de ses membres, importante aussi par leur énergie et par leur ténacité, qui se présente ouvertement comme voulant rétablir un Gouvernement dont vous connaissez le nom et qui s'appelle la commune de Paris. (Mouvements divers.)

Vous avez vu revendiquer, dans cette Assemblée, les droits de la Commune de Paris à la tribune, tout haut ; vous y avez vu un membre présenter au corps municipal de Paris une proposition de délibération dans laquelle, entre autres visas, après les lois de la République, il cite un décret de la Commune insurrectionnelle de Paris.

C'est un fait qui remonte au mois d'avril dernier — le 19 ou le 20, si je ne me trompe.

Un autre jour où le préfet de la Seine opposait le Gouvernement au conseil, des membres du conseil ont répondu : « Le Gouvernement, c'est nous. »

Et c'est à ce moment-là qu'on s'attaque aux Princes ! Sans doute, comme l'a dit M. de Freycinet, la situation de M. le Comte de Paris est plus forte depuis la mort du Prince impérial, depuis celle de M. le Comte de Chambord, mais en quoi cela peut-il déterminer des mesures aussi violentes que l'expulsion des Princes ?

Voici, à entendre M. Jules Simon, ce qu'il résultera de l'expulsion de M. le comte de Paris :

On peut dire que sa situation est plus forte qu'elle ne l'était. Je comprends cet argument.

Ma réponse est assez prévue : c'est que, dans ces conditions, le séjour du prince n'a pas d'importance. Qu'il réside à Paris ou qu'il réside au château d'Eu, qu'il réside en Italie ou à Londres, il est, de la même façon, le successeur ; partout où il sera, il sera le successeur, et si jamais — ce qu'à Dieu ne plaise et ce que je ne souhaite pas, vous le savez, — si jamais on cherche un successeur à la République, on saura bien le trouver. Vous n'allez pas le déporter dans des pays où il soit impossible à nos vaisseaux ou à nos télégrammes de parvenir et, par conséquent, quand même son droit ou sa prétention deviendrait encore plus considérable, tant qu'il existe. vous ne pouvez pas l'amoindrir. De telle façon que les deux seuls griefs sérieux que vous ayez sont des griefs contre lesquels la proscription ne peut rien.

Vous pourriez les invoquer pour autre chose ; invoquez-les, si vous le voulez, pour avoir peur... (Murmures à gauche) mais ne les invoquez pas pour prononcer l'expulsion, parce qu'en chassant celui que vous craignez vous ne le diminuez en rien. (Très bien ! très bien ! à droite.)

Voilà ma réponse, et je résume ma discussion de la façon suivante.

Cette loi que vous faites, qui est une loi d'exception — et permettez-moi de le dire sans blesser personne, je ne fais pas de différence entre une loi d'exception et la violation de la loi — cette loi d'exception que vous faites contre les Princes, ELLE NE VOUS SERT PAS, ELLE VOUS NUIT ; ELLE NE LEUR NUIT PAS, ELLE LES SERT. (Rumeurs à gauche. — Vive approbation à droite et au centre.)

Et bientôt examinant la conduite de la République, depuis quelques années il montrait qu'elle ne vit que de mesures d'exception, et il concluait sur ces véhémentes paroles :

Eh bien ! toutes les mesures dont je viens de parler, je répète qu'elles sont le résultat du même système de Gouvernement. Cela s'appelle dispersion pour les congrégations, désaffectation pour les monuments religieux, laïcisation obligatoire pour les écoles, épuration pour la magistrature et pour les fonctionnaires, revision pour le Sénat, mesures de compression pour la presse, expulsion pour les Princes.

Tout cela, messieurs, c'est le même système de gouvernement ; et un orateur considérable de la Chambre des députés a résumé tout votre système avec une clarté parfaite et a justement caractérisé toutes les mesures que je viens d'énumérer l'une après l'autre. Il a dit : « Chassons qui nous gêne ! » (Très bien ! et applaudissements à droite et au centre.)

Oui, voilà le système de gouvernement : Chassons qui nous gêne ! Chassons les congrégations si elles nous gênent... (Exclamations à gauche. — Approbation à droite.)

M. Paris. Il a dit aussi : « Sus au Sénat ! »

M. Jules Simon... Chassons les prêtres des écoles où ils nous gênent, chassons les insignes de la religion partout où ils nous gênent : chassons-les des tribunaux, chassons-les des prisons, chassons-les des cimetières ; chassons-les ! chassons-les! Chassons ce qu nous gêne, chassons les magistrats qui rendent des arrêts et qui ne veulent pas rendre des services. (Allons donc ! à gauche.— Très bien ! très bien ! à droite et au centre.)

Chassons l'inamovibilité qui est la sauvegarde de la loi ; chassons le Sénat, s'il nous fait obstacle; chassons les Princes, si nous craignons qu'ils ne nous succèdent; chassons-les ! chassons-les ! (Nouveaux applaudissements à droite. — Vives protestations à gauche.)

Eh bien, messieurs, commencez par les Princes ; personne ne sait jusqu'où cela vous conduira ! Jadis vous aviez aussi commencé par les jésuites ; rappelez-vous où cela vous a conduits. Commencez par les Princes ; les exilés que vous ferez sortiront du territoire ; ils seront vos témoins, ils attesteront à la postérité que la France, à l'heure qu'il est, n'est pas maîtresse et sûre d'elle-même... (Très bien! à droite), que la République a peur, et que la lutte, qui dure depuis cent ans entre la révolution du droit qui est 1789, et la révolution de la haine qui est 1793, malgré tant de sang et de larmes, n'est pas encore terminée. (Très bien! très bien! et applaudissements prolongés à droite et au centre. — L'orateur en descendant de la tribune, reçoit les félicitations d'un grand nombre de ses collègues du centre et de la droite.)

M. Clamageran parla ensuite en faveur du projet voté par la Chambre, et provoqua par le ridicule de ses arguments une forte et concluante riposte de **M. Léon Renault.**

M. Léon Renault

M. Léon Renault s'attacha surtout à démontrer que « l'expulsion proposée est une dérogation au droit commun, qu'elle est en contradiction formelle avec les principes sur lesquels repose la législation pénale de tous les peuples civilisés. »

Et il ajoutait :

Je suis d'une école politique qui ne reconnaît qu'à la nation le droit de disposer de ses destinées.

Quand le pays a prononcé, tous doivent s'incliner devant sa décision. Mais chacun conserve dans les limites posées par la loi, le droit de manifester ses espérances, de faire respecter ses souvenirs.

Le dogme de la souveraineté nationale n'exige la proscription de personne. Il répudie tous les exils infligés par mesure de précaution. Il assure à chacun, si illustre ou si obscure que soit sa naissance, la même place au foyer de la patrie commune. Il n'exige que le respect absolu des lois que le pays s'est librement données. Il ne commande qu'une chose, c'est de frapper avec une justice égale ceux qui y attentent.

Puis, plus loin, il disait :

Messieurs, que vous le vouliez ou non, il est certain que ceux que vous entendez proscrire ont aujourd'hui une situation légale inattaquable, un titre de citoyen égal au vôtre et au mien. (Très bien ! très bien ! à droite et au centre.)

C'est ce titre que vous avez la prétention de leur arracher par le projet de loi en discussion.

Eh bien, messieurs, est-ce que cela ne vous paraît pas infiniment grave ? Est-ce que vous ne sentez pas qu'il y a dans une semblable décision la création d'une catégorie de citoyens brutalement mis hors la loi, et cela en pleine paix intérieure, par ce seul motif que ces citoyens sont gênants ou suspects. (Très bien ! très bien ! sur les mêmes bancs.)

Or, le jour où, cédant aux exigences révolutionnaires, vous serez entrés dans cette loi de violence, prenez-y garde, vous aurez orienté la République vers des horizons où il n'y a plus ni droit ni justice assurés (Très bien ! très bien ! à droite et au centre. — Bruit à gauche), où il n'y a plus à attendre de ceux qui gouvernent que les impatiences de l'arbitraire, alternant avec les défaillances de la peur. (Nouvelles marques d'approbation sur les mêmes bancs.)

D'ailleurs, est-il vrai qu'au point de vue des véritables intérêts de la République l'Assemblée nationale ait commis une faute, quand elle a rétabli le droit commun pour les Princes en abolissant les anciennes lois exceptionnelles de proscription ?

Il concluait enfin sur ces mots si justes :

Le suffrage universel, comment est-ce que vous pourrez empêcher qu'il ne soit détourné de la République?

Je ne connais pour cela qu'un moyen : C'est de lui prouver que la République est capable de faire une besogne de gouvernement, c'est-à-dire œuvre de justice et de protection pour tous.

Ce n'est pas marquer qu'on est un gouvernement fort que de procéder à des actes de violence. On est un gouvernement fort quand on sait imposer la justice à tous et assurer les droits de chacun. (Vive approbation à droite et au centre.)

Qu'il me soit permis de le dire : le Sénat se trouve, à l'heure actuelle, dans une conjoncture grave. Le projet de loi dont il est saisi le met en demeure de choisir entre le droit, la justice, la saine politique qui condamne les violences inutiles, et l'arbitraire, la servilité vis-à-vis des passions et des préjugés.

Eh bien, si le Sénat hésite et se trompe. il portera à la République et à lui-même un coup très redoutable. (Murmures sur plusieurs bancs à gauche.)

Une chose me frappe, en effet, c'est que ceux qui poussent M. le président du conseil à vous saisir de mesures de proscription contre ceux que la loi de 1871 a remis en possession du droit commun et de leur patrie, sont ceux-là même qui estiment que l'existence d'un Sénat dans une constitution républicaine n'a aucune raison d'être, que le Sént doit disparaître de nos institutions. (Bruyantes interruptions à gauche. — Très bien! à droite et au centre.)

M. de la Sicotière. Sus au Sénat!

M. Léon Renault. Je suis peu éloigné de croire qu'ils auraient raison, si, par crainte de devenir impopulaire, le Sénat s'abaissait au rôle de simple chambre d'enregistrement... (Exclamations ironiques à gauche.)... de chambre d'enregistrement de lois aussi iniques, aussi peu justifiées que le projet actuel.

On vous dit, messieurs, que la question se pose entre les princes et la République. Non! dans la réalité, LA QUESTION SE POSE ENTRE LA RÉPUBLIQUE ET LA RÉVOLUTION. (Vive approbation à droite et au centre. — Dénégations à gauche.)

Après ce beau et convaincant discours, la séance fut levée et renvoyée au lendemain au milieu d'une vive agitation.

DEUXIÈME SÉANCE

22 Juin

La seconde séance de la discussion sénatoriale fut plus émouvante encore. Le débat fut ouvert par M. Marcou, un radical qui se hâta de se déclarer « Jacobin » pour justifier par avance la brutalité de ses arguments, pour pouvoir demander à l'aise l' « exécution » de tous les princes. C'est de ce mot qu'il qualifie l'expulsion.

M. Bardoux, prit ensuite la parole. — Son discours fut un des plus sages, un des plus beaux de toute cette discussion. Il s'attacha principalement à détruire les théories jacobines néfastes au pays, énoncées par le précédent orateur, et à montrer au Sénat quelle violation du droit il allait commettre, quel danger il allait faire courir à la République.

Il s'écriait :

On a toujours confondu, messieurs, deux choses absolument distinctes : ce droit de légitime défense inhérent à tout gouvernement lorsqu'il est attaqué, et cet autre droit indéniable qui se trouve attaché à tout être humain : celui de ne pas être condamné sans être entendu, celui de ne pas être jugé par un tribunal politique... (Rumeurs à gauche), celui de ne pas être expulsé lorsqu'aucune loi ne le permet. On a confondu toujours ces deux droits.⁋

Cette distinction, messieurs, il faut la faire ; elle fut faite avec une grande éloquence, en 1870, peu de jours avant les graves événements de septembre.

Ce fut Jules Favre, messieurs, qui, ayant à intervenir dans la défense de la pétition qui fut déposée au Corps législatif pour autoriser le rappel des princes d'Orléans, s'exprima ainsi :

« Toutes les fois que, sous prétexte d'intérêt d'Etat, vous mettez en échec ces choses saintes, la liberté native, le respect de la personne, de la propriété, vous ne faites pas un acte de justice ; vous faites un acte de dictature et de tyrannie, qui peut être excusé jusqu'à un certain point par des nécessités violentes, mais qui, dans des temps calmes, comme ceux au milieu desquels nous avons le bonheur de vivre, ne doit jamais être excusé au nom du droit, au nom des véritables principes. Une société qui veut faire observer dans son sein les règles de la civilisation et de la justice, doit avant tout énergiquement s'abstenir de toutes mesures semblables, et, quand l'occasion s'en offre à elle, elle les doit solennellement condamner... Ces règles sont résumées dans ces mots bien simples : L'application de la loi par la justice. »

Il n'a rien été dit de plus net, de plus élevé et de plus précis que ces paroles ; elles doivent suffire pour vous convaincre, et, si elles n'étaient pas suffisantes, je vous renverrais au remarquable rapport de mon honorable ami M. Bérenger, que personne n'a encore combattu, que personne n'a encore réfuté.

Puis, M. Bardoux, se demandait si le pays réclame,

comme on le prétend, les mesures de violence, et il pro-
estait énergiquement contre cette supposition :

Messieurs, lorsqu'on soulève une question semblable, il faut être
bien sûr de l'opinion du pays. Eh bien, voulez-vous me dire si, actuellement, il est dans ses préoccupations de savoir si oui ou non on
votera la loi d'exil ?

Scrutez-vous vous-mêmes, et demandez-vous si, actuellement, c'est
une question !

Ne croyez-vous pas qu'elle a été soulevée uniquement par le projet
de loi?

Le pays, messieurs, dans ce moment-ci, ne s'inquiète pas de rechercher s'il y a eu une réception et un mariage princier ; le pays se demande, dans ce moment, quel remède on apportera à la crise économique terrible qu'il traverse, la plus grande qui ait existé par sa
longueur, par sa profondeur et par sa ténacité. (Très bien ! très bien,
sur un grand nombre de bancs.)

Le pays vous demande, en ce moment, d'examiner quel remède
vous apporterez à ses souffrances ; le pays vous demande de réfléchir
s'il n'y a pas eu une leçon aux élections du 4 octobre, et si cette
leçon vous a profité.

Voilà ce que dirait le pays, avec sa sagesse et avec ce sentiment
que plus d'une fois il a été supérieur à ses gouvernements. (Très
bien ! très bien ! à droite.)

Eh bien, si l'opinion publique est ailleurs, messieurs, si elle n'est
pas passionnnée pour cette question, pourquoi la soulever ? Pourquoi,
tous les deux ou trois mois, enfiévrer l'opinion? Pourquoi, tous les
deux ou trois mois, provoquer des crises? Pourquoi, tous les deux ou
trois mois au lieu de vous préoccuper de ces lois attendues, d'amé-
lioration morale, intellectuelle et économique, pourquoi venir saisir
l'opinion publique de questions factices et qui ne correspondent pas
à ses besoins?...

C'est là ce que j'ai voulu rechercher.

Est-ce qu'on veut, est-ce qu'on espère en finir avec la question
des prétendants? Est-ce qu'on croit donner ainsi plus d'union et plus
de force au parti républicain ?

. . . .

Non, vous ne le fortifiez pas; car on peut bien ne pas gouverner
avec cette masse flottante, avec ces classes moyennes qui ne font pas
d'opposition aujourd'hui, mais qui en feront demain; mais on ne
peut pas gouverner contre elles et malgré elles. (Très bien ! très
bien ! au centre et à droite.)

L'union vous ne la faites pas avec ceux-là. Avec qui donc, alors?

Avec les exagérés et les violents? Oh? messieurs, l'union avec les exagérés et les violents ! Mais c'est la négation de toute politique, cela, c'est la négation de tout programme. L'union ! mais je pourrais dire que le parti républicain en meurt, parce qu'il n'a jamais su créer en lui deux écoles nettement distinctes, deux partis se succédant régulièrement au pouvoir avec des drapeaux différents, avec des idées tranchées et pouvant ainsi se remplacer l'un l'autre au fur et à mesure du flux et du reflux de l'opinion.

Est-ce là l'union que vous avez faite? Non ! non !

Vous ne marchez pas en avant vers le progrès et la lumière ; vous marchez en arrière, et vous descendez la pente. Vous n'atteindrez donc pas votre but.

M. de Freycinet.

Enfin le Président du conseil prit la parole. Dans ce second discours prononcé sur cette grave question on retrouve, exprimés pour ainsi dire dans les mêmes termes et dans le même ordre, les arguments invoqués devant la Chambre par M. de Freycinet. Mais il insista particulièrement sur deux points. Il prétendit démontrer au Sénat la « générosité » du gouvernement, et sa force, son « énergie pour le maintien de l'ordre. » « — Et Decazeville, lui cria-t-on ? — ».

Il s'efforça en outre de rassurer ceux qui voient dans l'expulsion des princes s'ouvrir l'ère des proscriptions. Avec un merveilleux aplomb, le président du conseil prétendit que les « menées monarchiques s'opposaient seules à l'union, au calme que chacun souhaite », et il tâcha d'effrayer le Sénat sur les conséquences d'un rejet du projet :

La question, je le répète, ce n'est pas nous qui l'avons cherchée ; ce n'est pas même le Parlement, ce n'est pas la Chambre des députés d'où elle semble être partie. Ce n'est personne, c'est la force des choses, ce sont les circonstances extérieures qui ne dépendent d'aucun de nous.

Or, la question est posée et il ne dépend ni du Gouvernement qui est ici, ni de celui qui le remplacera demain, ni d'aucun gouvernement, ni de la Chambre des députés, ni de vous, de l'empêcher de rester ouverte ; elle renaîtra — je ne veux pas adresser au Sénat des sommations irrespectueuses, ne voyez rien dans mes paroles qui puisse avoir un pareil caractère — mais elle renaîtra parce que c'est dans la force des choses qu'elle renaisse, parce qu'au point où nous en sommes arrivés, vous ne pouvez pas l'écarter ; et si vous ne la résolvez pas aujourd'hui, tout le monde dira que c'est un triomphe pour les partis monarchiques. (Vive approbation à gauche.)

Je sais bien, messieurs, que ce ne sont pas les intentions de ceux qui m'écoutent et je suis certain que, s'ils le croyaient, ils voteraient tout de suite comme moi ; je connais leurs principes, leurs opinions, mais je fais un dernier appel à leur sagesse, à leur esprit de réflexion ; je leur dis : Rentrez en vous-mêmes ; au lendemain de ce vote qui, aujourd'hui, vous paraît être un vote purement législatif, quelle sera la situation ?

Songez aux conséquences énormes qui découleraient du rejet de la loi ; songez au parti qu'on en tirerait autour de vous ; dites-vous, si ce vote pourra être interprété d'une autre façon que celle-ci, à savoir que c'est la République qui a succombé, que c'est la monarchie qui a triomphé ! (Très bien ! très bien ! et applaudissements à gauche.)

Après la tentative faite en 1883 et qui a avorté, après le débat qui s'est ouvert il y a trois mois et que je suis parvenu à étouffer, après le vote qui vient d'avoir lieu à la Chambre des députés et qui amènent le projet devant vous, après ces longues et émouvantes discussions qui se sont poursuivies sous toutes les formes dans la presse, est-ce que vous croyez que la question ne restera pas ouverte et ne pèsera pas sur la République ?

C'est toujours là l'argument décisif qu'on emploie avec le Sénat, et cette fois encore il devait assurer au président du conseil la majorité qu'il réclamait.

M. Bérenger

Le rapporteur, M. Bérenger, monta immédiatement à la tribune et il tira aussitôt de ce discours la seule conclusion naturelle qui s'en dégage :

Je ne pense pas dit-il que l'argumentation de M. le président du conseil ait détruit cela, je dirai même qu'à cet égard le débat semble singulièrement simplifié.

On ne conteste pas, en effet, qu'il ne s'agisse d'une réelle atteinte au droit. On reconnaît que la disposition proposée n'est autre chose que ce que la raison de tous les temps a appelé une mesure d'exception, qu'il s'agit de frapper, je ne dirai pas des citoyens, puisque l mot blesse, mais certains personnages, en dehors des règles de la justice et du droit, de transporter arbitrairement d'un pouvoir à l'autre, en réalité, le droit de les condamner.

Nous sommes donc, on le reconnaît, en présence d'une mesure d'exception.

Il est un autre point tout aussi formellement reconnu, c'est que les faits sur lesquels on se fonde pour venir réclamer cette dérogation à nos lois n'ont pas une gravité suffisante pour créer un danger, qu'ils créent seulement une inquiétude pour l'avenir et une situation qui peut devenir embarrassante.

Voilà donc deux points acquis : il s'agit d'une mesure d'exception, et les faits invoqués propres à éveiller la vigilance du Gouvernement et quelques inquiétudes pour l'avenir ne présentent pas un danger pressant.

Mais le goûvernement parle de sa fermeté dans le présent, il promet d'être énergique dans l'avenir. M. Bérenger lui répond avec un grand sens :

Vous nous donnez l'assurance que le Gouvernement ne se départira pas des principes de modération, qu'il sera de plus en plus ferme dans le maintien de l'ordre. Pouvez-vous suivre cette politique sans le concours des modérés ?

Vous vous éloignez d'eux cependant. Eh bien, laissez-moi vous dire que ceci nous laisse sans confiance dans vos promesses. Comment y pourrions-nous croire, s'il faut juger de l'avenir par les exemples que nous avons sous les yeux ? Vous nous avez dit — pour ne citer qu'un exemple — que, à Decazeville, votre fermeté avait su dompter le désordre.

Combien de temps n'a t-il pas duré ? Il y a des hommes qui ont contribué à le fomenter, qui ont laissé par leur faiblesse accomplir un crime détestable dont le jury vient heureusement de faire justice. (Mouvement à droite.)

Ces hommes ne sont-ils pas encore revêtus de fonctions publiques qu'il vous serait facile de leur enlever? (Vives marques d'approbation à droite et au centre.) A Paris, votre fermeté a eu ce résultat — je vous en rends hommage — que vous avez pu maintenir l'ordre matériel dans la rue. Mais permettez-moi de vous demander si les esprits sont tranquilles, si l'ordre...

M. René Goblet, *ministre de l'instruction publique, des beaux-arts et des cultes* (ironiquement). L'ordre moral! (Rires à gauche.)

M. Bérenger. Vous parlez d'ordre moral, monsieur le ministre.

Tenez, ne me rappelez pas ce que j'aurais voulu oublier et que votre interruption malheureuse me remet en mémoire. Il est un langage que j'ai personnellement combattu à la tribune, que tout le parti républicain a détesté, celui qui nous fut apporté par le président du conseil du 16 mai pour voter la dissolution.

Ce langage, presque le même, c'est vous qui vous l'appropriez aujourd'hui.

C'était le péril latent, c'était le désordre non dans la rue, mais dans les idées, et tout cela pour arriver à une mesure violente. Où est la différence aujourd'hui ?

Et lorsque vous venez dire encore : je vous demande une infraction au droit, mais c'est pour une heure, et nous reviendrons ensuite à la loi, où est encore la différence avec cette parole qui est la formule de tous les coups d'Etat : « Je sors de la légalité pour rentrer dans le droit ? » (Très bien ! très bien ! au centre et à droite. — Murmures à gauche.)

M. d'Audiffret-Pasquier.

La parole fut ensuite donnée à M. le duc d'Audiffret-Pasquier et une profonde émotion s'empara de l'assemblée en voyant monter à la tribune ce serviteur si dévoué et si sûr des Princes. Sa protestation si digne, si complète, eut et devait avoir le plus grand retentissement.

En voici la première partie ;

Monsieur le président du conseil, en vous écoutant tout à l'heure, ma pensée se reportait à quelques années en arrière. Alors, comme aujourd'hui, vous étiez président du conseil, vous parliez en faveur de l'amnistie ; comme aujourd'hui, vous cherchiez, non sans quelque embarras, à expliquer pourquoi vous étiez tout à coup devenu l'avocat d'une mesure que quelques semaines auparavant vous repoussiez.

Le Sénat ne cachait pas ses appréhensions et ses répugnances ; il y en avait de toutes sortes, de très légitimes, de très justifiées ; mais vous aviez pour complice le sentiment un peu téméraire, mais généreux à coup sûr, qui, en France, domine la politique. Vous parliez d'oubli, d'apaisement ; vous l'avez emporté, les résistances ont été vaincues.

Aujourd'hui, de la même voix douce et pénétrante (Rires à droite), vous demandez l'exil, l'expulsion sans jugement préalable, sans défense possible ; c'est une loi de suspicion, de colère, que vous réclamez.

Il ne s'agit plus d'oubli ; vous allez dans le passé rechercher le souvenir des discordes et des violences qu'elles ont amenées pour les raviver et les aggraver.

Il ne s'agit pas d'apaisement ; vous vous adressez aux plus mauvaises passions, qu'il serait plus politique de calmer. (Très bien ! très bien ! à droite.)

Vous n'étiez, au fond, partisan d'aucune de ces deux mesures, pas plus de la loi d'expulsion que de la loi d'amnistie, car personne mieux que vous n'avait trouvé pour les combattre de meilleures et de plus solides raisons. On vous les a imposées. Alors, comme aujourd'hui, votre volonté flexible, prompte aux capitulations, les a acceptées et voilà cette œuvre qui n'est pas la vôtre, la voilà parachevée : votre nom y restera attaché.

Quand les princes dont le nom rappelle les plus glorieux souvenirs du plus glorieux passé (Rumeurs à gauche. — Très bien ! très bien ! à droite), qui sont si français, qui, respectueux de la volonté nationale, n'ont jamais commis un acte que vous puissiez sérieusement leur reprocher, qui ont marqué leur place dans le pays par leur bravoure, par leur incontestable capacité, par leur patriotisme (Nouveaux murmures à gauche. — Oui ! très bien ! à droite !), quitteront leur patrie, ils laisseront derrière cette frontière, désormais fermée pour eux, les membres de la Commune amnistiés, glorifiés, peut-être obéis. (Très bien ! très bien ! et applaudissements à droite. — Rumeurs à gauche).

Ils sont chassés, ceux qui ont partagé nos dangers, qui nous ont aidés à défendre notre frontière envahie ; ils triomphent, ceux qui, pour me servir de vos propres expressions, ont commis les plus odieux forfaits, installé la guerre civile, massacré les otages, incendié Paris sous l'œil des Prussiens.

Il y a, messieurs, des rapprochements qui saisissent et qui oppressent... (Vive approbation à droite)... ils semblent un audacieux défi jeté à la conscience publique ! (Applaudissements à droite).

Ils servent aussi à mesurer le chemin parcouru.

Un moment après il s'expliquait sur l'étrange reproche adressé aux Princes de vouloir rester dans leur patrie.

Oui, disait-il, il y a dans le parti royaliste différentes manières de comprendre le rôle de celui qui a l'insigne honneur de représenter le droit et les traditions du parti royaliste ; il y en a qui pensent que ce principe a quelque chose d'élevé, de sacré, qu'il est comme un dogme, que la moindre atteinte ne doit pas être portée à sa dignité, et que la résidence en France serait précisément une de ces atteintes qu'ils redoutent.

C'était la théorie de Berryer ; elle a sa grandeur, sa noblesse, et personne n'a su mieux la faire respecter que M. le comte de Chambord.

Mais céder au désir irrésistible de respirer l'air natal après vingt ans d'exil, ne pas pouvoir faire taire ce sentiment que l'exil n'a pas attiédi, revenir dans son pays, y prendre sa place, se battre à côté des soldats français, même sous le voile de l'anonyme, donner dans toutes les carrières des preuves de capacité, vivre de la vie nationale, en partager toutes les joies et toutes les peines, et, quand il y a une épidémie redoutable, aller à Marseille porter aux cholériques (Très bien! à droite. — Bruit à gauche) des secours et des consolations, cette manière d'entendre son devoir a bien aussi sa grandeur et sa raison d'être. (Applaudissements à droite.)

Puis M. le duc d'Audiffret-Pasquier s'alarmait pour le pays de le voir entraîné sur la pente la plus fatale par un gouvernement aveugle, et la fin de son beau discours renfermait un véhément appel à la sagesse de tous pour prévenir les dangers qu'il prévoit dans l'avenir :

N'avais-je donc pas raison de vous dire qu'il y a dans ces tendances un grand danger public, et que vous assumerez sur vos têtes de graves responsabilités?

C'est pour cela que nous repoussons vos doctrines ; c'est pour cela que nous repoussons vos lois d'exception. On nous demande de ce côté du Sénat (la gauche) ce que nous pensons, nous, du côté de la droite ; je suis venu pour vous le dire.

Je n'ai pas à exprimer ce que peuvent apporter d'amertume à mon vieux dévouement, à mes vieilles affections, des lois qui vont frapper injustement ceux que j'aime et que j'estime depuis que je respire (Mouvement); j'ai seulement à vous dire que ce qui domine ces sentiments, ces affections, c'est l'intérêt de mon pays.

Ce qui m'occupe avant tout, c'est de savoir comment il vivra, c'est de savoir s'il aura les garanties, les libertés nécessaires, s'il pourra, au grand soleil de la justice et du droit, vivre d'une vie honorable et respectable, et dans des conditions où tous les intérêts seront protégés.

Voilà ce qui, chez moi, domine toutes mes affections et toutes mes préférences, et c'est pour cela que je ne me plains pas que de ce côté du Sénat (la gauche) on ait posé la question entre la république modérée et la république violente et révolutionnaire. (Protestations à gauche.)

Ne croyez pas que nous soyons restés indifférents à ce débat! Il nous importe singulièrement de savoir quelles sont les conditions d'existence de notre pays, de savoir dans quelles limites il sera protégé et si nous pouvons espérer d'y voir respecter les doctrines que nous avons toujours soutenues, qui doivent être respectées sous toutes les formes de gouvernement et qui étaient, messieurs (l'orateur se tourne vers la gauche) les doctrines de vos anciens comme des nôtres.

Il n'est pas besoin d'invoquer leur autorité ; je n'ai pas besoin de vous les citer ; leurs théories ont trouvé ici d'éloquents défenseurs, et il appartenait à votre rapporteur, fils de l'éminent magistrat qui a fait un beau livre contre les lois d'exception, il lui appartenait de reprendre ces nobles traditions et de les défendre en un si ferme langage. (Très bien ! très bien ! au centre.)

Ce n'est donc pas seulement à la France conservatrice, mais à la France libérale que j'en appelle de vos faiblesses et de vos violences. (Applaudissements à droite.)

On ne s'arrête pas, monsieur le président du conseil, dans la voie où vous êtes entré et dans laquelle vous voulez entraîner le Sénat. Croyez-vous que la concession que vous lui demandez, quelqu'excessive qu'elle soit, satisfasse le parti révolutionnaire. Les concessions autorisent, encouragent les exigences, les audaces nouvelles; vous voudrez vous arrêter, on vous dira : Marche, marche encore! (Très bien ! sur les même bancs.)

Vous continuerez à persécuter les croyances religieuses sous prétexte de neutralité (bruit à gauche); sous prétexte d'épuration, vous continuerez à méconnaître les services rendus, à détruire les situations honorablement acquises ; vous épuiserez nos budgets pour satisfaire les intérêts électoraux ; vous plierez devant les exigences toujours croissantes du conseil municipal de Paris. Vous laisserez impunis les orateurs de réunions publiques qui continueront à prêcher l'incendie, le pillage, à demander la mort des bourgeois et des capitalistes ; enfin, vous proposerez de nouvelles lois d'exception. Toutes ces choses nous les avons combattues, nous les combattrons encore, nous resterons les avocats passionnés de la liberté de conscience, de l'indépendance de la magistrature, du droit, de la justice enfin, grandes causes que le pays a à cœur de voir respecter, parce que seules elles assurent sa prospérité, sa dignité, sa paix. (Vive approbation à droite.) Si contre notre espoir, messieurs, vous votez la loi qu'on vous propose, nous vous dirons sans découragement comme sans colère, gardant une foi imperturbable dans l'avenir : Nous acceptons la part qui nous est faite, nous vous plaignons, mais nous ne nous plaignons pas ! (Applaudissements à droite. — L'orateur, de retour à son banc, est félicité par un grand nombre de ses collègues.)

La droite devait bien cette ovation à l'énergique orateur dont la voix vibrante avait remué tous les cœurs.

Clôture de la discussion.

La clôture de la discussion générale fut ensuite prononcée et le Sénat décida, par assis et levé, de passer à la discussion des articles du projet de loi voté par la Chambre.

M. Marcel Barthe défendit alors un contre-projet dans lequel il demandait le renvoi devant les juges chargés de connaître des attentats contre la sureté de l'Etat toutes les manifestations et provocations qui pourraient se produire. Mais le Sénat refusa de le discuter, et M. de Pressensé vint expliquer pourquoi ses amis et lui s'opposaient à tout projet d'expulsion.

Les votes.

Le scrutin allait donc s'ouvrir sur l'article 1er du projet. On en connaît le texte.

Après un long pointage le président en fit connaître le résultat.

L'article 1 était adopté

par **137** voix contre **122**.

Au milieu de l'agitation générale causée par ce vote le président mit successivement aux voix les autres articles du projet. Ils furent tous adoptés à main levée.

Restait à se prononcer sur l'ensemble.

Le Président annonça qu'il avait reçu une demande de scrutin secret à la tribune. Sur la demande des gauches celui-ci eut lieu par appel nominal.

A huit heures on connut le résultat :

Le projet était voté dans son ensemble

par **141** voix contre **107**.

La séance fut aussitôt levée au milieu de la plus vive émotion. Cette fois encore le Sénat avait pactisé avec les fauteurs de mesures d'exception et s'était associé à l'iniquité commise par la Chambre des députés.

Scrutin sur l'article 1er

Voici les noms de ceux qui ont voté l'article 1 :

MM. Arago (Emmanuel).

Barbedette, Barne, Béral, Bergeon, Berthelot, Bouteille, Bozérian Brossard, Bruel, Brun (Charles).

Cabanes (Joseph), Caduc, Callen, Camparan, Campenon (général), Carnot, Carquet, Cazot (Jules), Chalamet, Challemel-Lacour, Chantemille, Chardon, Chaumontel, Chavassieu, Chiris, Clamageran, Combes, Combescure (Clément), Corbon, Cordelet, Cordier, Couturier.

Dauphin, Demiautte, Demôle, Deschanel, Develle (Edmond) Didier (Henri), Dietz-Monnin, Dufay, Dufraigne, Dupouy, Dusolier (Alcide)

Escarguel, Eymard-Duvernay.

Faidherbe (général), Farre (général), Fayard, Faye, Ferrouillat Forcioli. Fournier (Casimir), Frébault (général), Frédéric Petit, Freycinet (de), Frezoul.

Garran de Balzan, Garrigat, Gaudy, Gent, George, Girault, Goujon, Goutay, Grévy (Albert), Grévy (général), Grillé, Guiffrey (Georges) Guillemaut (général) Guinot, Guyot, Guyot-Lavaline.

Huguet (A.), Humbert.

Isaac, Issartier (Henri).

Jacques, Journault.

Lades-Gout, Lafayette (Edmond de), Laroche, Le Bastard, Le Blond, Lecherbonnier, Le Monnier, Loubet, Lur-Saluces (comte Henri de).

Marcou, Marion, Marquis, Martin (Georges), Massé, Massiet du Biest, Mathey (Alfred), Mauguin, Maze (Hippolyte), Mazeau, Meinadier (colonel), Mercier, Merlin (Charles), Mestreau, Michaux, Milhet-Fontarabie, Millaud (Edouard), Morellet, Munier.

Naquet (Alfred), Noblot.

Oudet.

Parent (Savoie), Parry, Peaudecerf, Péronne, Perras, Peyrat, Peyron (amiral), Plantié, Pradal.

Rampont, Roger-Marvaise, Rubillard.

Salneuve, Scheurer-Kestner, Songeon, Soustre.

Tenaille-Saligny, Testelin, Tézenas, Thurel, Tirard, Tolain.

Velten, Verninac (de), Vigarosy, Vissaguet.

Se sont abstenus :

MM. Barbey, Billot (général.
De Casabianca, Charton (Edouard), Claude.
Deffis (général), Dreux, Duclerc (E.), Dumesnil.
Foucher de Careil.
Garrisson, Guichard (Jules) (Yonne).
Hébrard (Adrien), Hébrard (Jacques), Hugot (Côte d'Or).
Jaurès (amiral), Jean Macé, Jobard.
Kiener.
Lafond de Saint-Mür (baron), Lecointe (général), Le Royer.
Magnin.
Peraldi, Pons.
Schœlcher.
Teisserenc de Bort.
Waddington.

Le décret d'expulsion

Dès le lendemain matin du vote du Sénat, le 23 juin, le *Journal officiel* publiait le décret promulgant la loi adoptée par la Chambre des députés et le Sénat. En voici le texte.

Loi relative aux membres des familles ayant régné en France

Le Sénat et la Chambre des députés ont adopté,
Le Président de la République promulgue la loi dont la teneur suit :
Article premier. — Le territoire de la République est et demeure interdit aux chefs des familles ayant régné en France et à leurs héritiers directs, dans l'ordre de primogéniture.
Art. 2. — Le Gouvernement est autorisé à interdire le territoire de la République aux autres membres de ces familles. L'interdiction est prononcée par un décret du Président de la République, rendu en conseil des ministres.
Art. 3. — Celui qui, en violation de l'interdiction, sera trouvé en France, en Algérie ou dans les colonies, sera puni d'un emprisonnement de deux à cinq ans. A l'expiration de sa peine, il sera reconduit à la frontière.
Art. 4. — Les membres des familles ayant régné en France ne pourront entrer en France dans les armées de terre et de mer, ni exercer aucune fonction publique, ni aucun mandat électif.

La présente loi délibérée et adoptée par le Sénat et par la Chambre des députés, sera exécutée comme loi de l'Etat.

Fait à Paris, le 22 juin 1886.

JULES GRÉVY.

Par le Président de la Répuhlique:

Le garde des sceaux, ministre de la justice,

DEMÔLE,

Le ministre de l'intérieur,

SARRIEN.

L'EXPULSION

Alors que les Chambres discutaient cette loi d'arbitraire et de peur, M. le comte de Paris résidait à Eu où les visiteurs affluaient chaque jour plus nombreux dans leur ardent désir de présenter à leurs Altesses Royales les témoignages de leur fidélité, de leur exprimer les douloureux sentiments que soulevait en eux ce projet de loi inique.

Mgr le duc d'Aumale, Mgr le prince de Joinville, Mgr le duc de Chartres, s'étaient rendus au château d'Eu, pour assister de leur présence, dans ces pénibles moments, le chef de la maison de France, qu'on savait résolu à quitter la France dès que la loi d'expulsion aurait été promulguée.

La dépêche qui transmettait le vote du Sénat parvint au château dans la soirée. Elle ne causa aucun étonnement ni aux princes, ni aux amis fidèles qui les entouraient, mais nul ne put dominer, à ce premier moment, un sentiment de tristesse douloureuse.

« *C'est fini* ! » dit d'une voix haute et ferme M. le comte de Paris, en se dirigeant vers le duc d'Aumale et le prince de Joinville. *Je pars après demain...* »

Des larmes jaillirent des yeux du duc d'Orléans ; son cousin, le prince Henri, pleura avec lui.

Un grand silence régnait dans la salle.

« *Il y a eu bien des crimes dans notre histoire nationale, s'écria M. le duc d'Aumale, il n'y a pas eu beau-*

coup de lâchetés : en voilà une !..... C'est une loi faite par des lâches qui n'ont même pas l'excuse de la colère... »

Sous ces paroles vibrantes, les cœurs frémirent. Quelques sanglots éclatèrent, parmi les amis des Princes.

Monsieur le comte de Paris, qui s'était assis entre le duc d'Aumale et le prince de Joinville, se leva, prit la main du duc d'Aumale et lui adressa ce remerciement : *« Mon oncle, je suis vraiment heureux de vous voir auprès de moi dans cette journée d'épreuve. Je savais toute votre affection pour moi, mais je vous suis tout particulièrement reconnaissant de la preuve que vous m'en donnez en étant ici. »* — *Tu sais bien, mon cher Paris,* répondit chaleureusement le duc d'Aumale, *que je serai toujours à côté de toi. »*

En voyant Monsieur le comte de Paris si ferme sous le coup inique qui le frappait, en regardant Madame la comtesse de Paris témoigner par son attitude d'une énergie admirable, s'efforcer d'être souriante pour calmer toutes ces affections inquiètes, chacun s'attacha à dissiper l'angoisse qui serrait les cœurs. Quelques instants après on se dispersait et les Princes se retiraient dans leurs appartements.

LA VEILLE DU DÉPART

Le lendemain, le mercredi, l'affluence des visiteurs fut plus considérable encore que la veille. Du Tréport, de Dieppe, d'Amiens, le chemin de fer, les voitures de toutes sortes amenaient ceux qui voulaient saluer une fois encore le prince avant son départ, et Son Altesse, s'arrachant aux préoccupations de toutes sortes qui l'assiégeaient, dissimulant le souci que lui causait l'état de santé si grave de la princesse Louise, donnait l'ordre d'introduire auprès d'elle tous ceux qui se présentaient.

Dans la matinée, une première réception eut lieu dans cette belle galerie des Guise qui occupe, au premier étage, tout le pavillon central du château. Mais toute cette foule émue ne pouvait trouver place dans cette vaste salle. Les trains arrivant de Paris amenaient à chaque minute de nouveaux fidèles, un grand nombre de députés, de sénateurs, les représentants de la vieille noblesse française et de la haute bourgeoisie, auxquels se mêlaient les habitants de la contrée accourus en masse. Les princes circulaient parmi les groupes, adressant à tous une phrase gracieuse, consolant d'un mot et remerciant d'un sourire.

Il paraît qu'en voyant cette affluence énorme quelques républicains dissimulés dans la foule ont feint de croire qu'une grande manifestation allait se produire. Ils avaient lu une affiche où on indiquait l'heure du départ et cela leur suffisait pour imaginer un complot. Combien ils se trompaient! En constatant la tristesse empreinte sur tous ces visages, ils auraient dû comprendre qu'un seul sentiment conduisait cette masse d'hommes de toutes conditions, et que la peine qu'ils éprouvaient ne ferait oublier à aucun d'entre eux de quelle dignité doit être entouré le départ d'un prince de la Maison de France chassé de sa patrie par les basses rancunes et les passions haineuses de la démagogie.

Imagine-t-on d'ailleurs des menées secrètes dans ce château où tout le monde, à l'heure des réceptions, entrait librement? Comme le disait Monsieur le Comte de Paris au correspondant d'un journal républicain : Monsieur, vous voyez ce qui se passe, vous pouvez dire tout ce que vous voyez, tout se passe au grand jour. Et ce journaliste se retirait bientôt, ému de cette scène si simple, si grandiose non par son éclat mais par sa simplicité.

C'était à la seconde réception qui avait lieu de quatre à cinq heures. Un thé avait été servi dans la galerie des Guise, comme pour donner un caractère plus intime à cette réunion. Madame la Comtesse de Paris invitait elle-même les dames à y prendre part et, malgré son courage, malgré tout l'empire qu'elle savait garder sur elle-même, parfois on entendait sa voix trembler et s'amollir en disant: au revoir.

Ils étaient nombreux ceux qui, en se retirant, avaient peine à cacher les larmes qui coulaient de leurs yeux.

LA DERNIÈRE JOURNÉE

Le lendemain, ce 24 juin, dont la date restera enregistrée dans l'histoire, un soleil radieux brillait depuis le matin et les routes, à mesure que l'heure avançait, se couvraient de piétons et de voitures.

Monsieur le Comte de Paris avait fait annoncer qu'il recevrait à onze heures, puis une seconde fois à une heure, les personnes qui arrivaient par les trains de Paris. Dès neuf heures, la foule se pressait aux abords de la grille d'entrée.

Pendant ce temps, l'autorité administrative prenait des précautions ridicules en vue d'une manifestation.

Dès le matin, la gendarmerie faisait enlever les drapeaux posés aux fenêtres des maisons sur le port et contraignait les patrons des barques amarrées dans le port à descendre leurs pavillons placés en berne.

Puis on logeait sous de grands hangars deux bataillons du 24ᵉ de ligne arrivés par le chemin de fer.

Les agents de toute sorte sillonnaient les routes. A Eu, un double peloton de gendarmerie à cheval se tenait dans la cour de la mairie, prêt à sortir au premier signal. Avait-on la prétention d'empêcher cette foule émue de pleurer en adressant aux princes ses derniers adieux ?

Enfin à dix heures, M. Levaillant, directeur de la sûreté, se présentait au château. Il était reçu par M. le comte d'Haussonville.

Un peu embarrassé, M. Levaillant déclara à M. d'Haussonville que le Président du Conseil des ministres, M. de Freycinet, l'avait chargé de prévenir Monsieur le Comte de Paris que, en raison de l'état de santé de la jeune princesse Louise, un délai de départ lui serait accordé s'il en exprimait le désir.

— Je ne doute pas, monsieur, ajouta le directeur de la sûreté générale, que Monseigneur accepte cette offre qui lui permettra de rester quelques jours de plus ici.

— Je connais assez la pensée de Monseigneur, répondit M. le Comte d'Haussonville, pour n'avoir pas besoin de lui faire part de cette proposition.

Monsieur le Comte de Paris connaît exactement ses droits et les limites que la loi lui concède; il ne demande de faveur à personne et ne saurait en accepter. Monsieur le Comte de Paris et Monsieur le duc d'Orléans partiront donc aujourd'hui à l'heure fixée.

— Vous n'ignorez pas, monsieur, ajouta le directeur de la sûreté, que nous avons pris des mesures pour assurer le bon ordre au départ de M. le Comte de Paris. Je dois vous déclarer cependant que si vous désirez faire évacuer les abords du bassin au moment de l'embarquement, je me tiens complètement à votre disposition...

— Je vous remercie de cette proposition dont Monsieur le Comte de Paris ne saurait pas plus profiter que de la précédente.

Si la police croit utile de prendre certaines précautions, cela ne saurait regarder Monseigneur, qui ne demande nullement son assistance.

. Pendant ce temps la Famille royale recevait la foule énorme qui se présentait pour la saluer.

Que de scènes touchantes il y aurait à raconter !

Mais on ne saurait surtout trop insister sur le caractère essentiellement grand que donnait à cette manifestation l'explosion d'un sentiment de patriotique espérance partagé par une population entière. Du plus humble au plus grand, chacun comprenait que ce qui souffrait en Monsieur le Comte de Paris, c'était son patriotisme si ardent, son amour si profond pour le sol natal, pour cette terre de France qu'il sait si noble et qu'il voudrait voir si heureuse.

A Eu comme au Tréport, tous ceux que Leurs Altesses Royales ont reçus se sentaient en communication par le cœur avec les nobles exilés qui commandaient à leurs regrets pour ne prononcer que des paroles d'apaisement et d'espérance. Le matin, avant que la foule des visiteurs arrivât, la maison des princes avait demandé à leur présenter ses derniers hommages, et ces serviteurs fidèles se pressaient, à l'heure indiquée, autour des maîtres qu'ils avaient appris à aimer. Les piqueurs de vénerie en grande tenue de chasse, les gardes du parc et de la forêt, tous les employés du château et du service particulier de la famille royale étaient présents, et l'affabilité du Prince, les bonnes et gracieuses paroles que Madame la Comtesse de Paris adressait aux uns comme aux autres, arrachaient des larmes à la plupart d'entre eux.

Quelques instants plus tard, la même scène se renouvelait, se prolongeait, quand les habitants du pays arrivèrent et prirent leur place dans le long défilé où s'affirmait tant de fidélité, tant de respectueuse affection.

Tous les rangs sociaux, toutes les conditions étaient confondus. Sur la terrasse, du côté des jardins, s'était placé Monsieur le Comte de Paris. A côté de lui se tenait Madame la Comtesse de Paris, vivement émue de tous ces témoignages de dévouement, puis M. le duc d'Orléans et Mme la princesse Hélène.

A côté d'eux étaient encore Mgr le duc d'Aumale, Mgr le prince de Joinville, Mgr le duc d'Alençon, Mgr le duc de Chartres.

On passait mêlés les uns aux autres, pêcheurs, paysans, visiteurs accourus de toutes parts, et nul ne pouvait retenir ses larmes en serrant la main que tendaient à tous ces nobles princes, victimes d'une odieuse persécution. Là aucune étiquette; les mains se cherchaient, s'étreignaient, les mots: *Au revoir!* s'échangeaient.

La foule s'écoula lentement par le parc, au milieu de cette émotion profonde. Le défilé durait toujours; de la gare d'Eu un flot immense de fidèles survenait, et parmi eux les députations de la Chambre et du Sénat. Bientôt il fallait abréger ces douloureux adieux, car l'heure du départ approchait.

Aucun de ceux qui y ont assisté n'oubliera cet émouvant spectacle: les princes émus et se contraignant à sourire, et cette foule donnant libre cours à sa tristesse! Quelle leçon pour les républicains !

Vers une heure et demie, dans le parc, un grand nombre d'ouvriers, de femmes et d'enfants voulaient encore voir ceux qui allaient partir.

Monsieur le Comte et Madame la Comtesse de Paris

revinrent sur la petite terrasse qui donne sur le parc et tinrent à serrer les mains amies de tous ces braves gens.

Monsieur le Comte de Paris s'était réservé de ne voir que vers la dernière minute de son départ, ceux de ses enfants qu'il laissait au château d'Eu.

A deux heures moins le quart, après avoir été embrasser la princesse Louise, sa chère petite malade, Monsieur le Comte de Paris descendit dans le vestibule où sa famille et ses plus fidèles serviteurs l'attendaient.

La porte du corridor de gauche s'ouvrit alors. La princesse Isabelle parut avec le prince Ferdinand, porté par sa gouvernante.

Monsieur le Comte de Paris les embrassa longuement. Puis, la Comtesse de Paris, qui faisait un effort surhumain pour contenir son émotion, et le duc d'Orléans, qui couvrit de larmes son jeune frère, en lui répétant plusieurs fois ces mots : « Adieu, bébé ! »

Monsieur le Comte de Paris tira sa montre : « Il faut partir », dit-il.

Il embrassa le duc d'Aumale, le prince de Joinville, le duc d'Alençon, et sortit du vestibule. Comme il allait monter en voiture, le duc d'Aumale le rejoignit et le serra à deux reprises dans ses bras.

Entre la façade et la grille, plusieurs centaines de personnes, la tête découverte, s'étaient rangées. Au dehors, tous les habitants, accourus, formaient la haie jusqu'à la mairie. Sur les marches et la terrasse de l'église, un grand nombre de fidèles attendaient le passage des voitures.

Dans la première calèche se trouvaient Monsieur le Comte et Madame la Comtesse de Paris, ayant en face d'eux M. le duc d'Orléans et M. le duc de Chartres.

Sept voitures suivaient, dans lesquelles se trouvaient

les personnages de la maison de Monsieur le Comte de Paris qui devaient l'accompagner à Douvres, quelques députés et quelques amis intimes.

Pas un cri ne fut poussé, tant l'émotion étreignait tous les braves gens qui assistaient à ce départ; mais les mains libres agitaient des mouchoirs et les visages remplis de pleurs disaient assez quels regrets les exilés allaient lais ser derrière eux.

LE DÉPART

La police avait multiplié les agents. Des gendarmes à cheval et à pied, des douaniers garnissaient les abords du bassin du Tréport où attendait le vapeur nolisé par Monsieur le Comte de Paris pour le conduire en Angleterre. Une foule immense se pressait sur les quais.

Ah! qne l'on comprenait bien alors, en voyant cet empressement, la démarche hypocrite faite par le directeur de la sûreté! Le gouvernement cherchait sans doute, par un ajournement du départ du prince, à rendre impossible la manifestation que la seule présence de tant de milliers de personnes allait rendre si imposante! Un retard eût, en effet, mieux servi ses desseins que le déploiement des forces militaires envoyées à Eu et au Tréport en cette triste circonstance. Le maire de la ville avait, par affiche, recommandé le calme; mais il ne pouvait, pas plus que les gendarmes, les douaniers, les fusiliers-marins, les soldats de la ligne, retenir ces milliers de cris de : *Vive la France!* *Au revoir!* et même *Vive le Roi!* qui allaient éclater avec une force irrésistible. On ne met pas aisément la main au collet à dix mille personnes. La police reste impuissante devant une telle unanimité, et, le comprenant au dernier moment, elle s'est sagement abstenue.

On ne peut imaginer l'aspect que présentaient, vers deux heures, les quais et la ville entière du Tréport. Sur les amas de charbon accumulés dans le port, sur les wagons attendant leur chargement, sur les parapets, sur la rampe menant à la ville haute, aux fenêtres, sur les toits des maisons et sur la jetée, qu'on eût cherché en vain à faire évacuer, une foule immense s'entassait, attendant, anxieuse, l'heure du départ.

Dans le port, des bateaux à voiles, dont quelques-uns avaient gardé leurs pavillons en berne, allaient et venaient, louvoyaient, prêts à suivre le steamer. Le vapeur de la Compagnie de Dieppe-Newhaven, nolisé par Monsieur le Comte de Paris, le *Victoria*, était à quai ; la marée montante le soulevait peu à peu, les derniers préparatifs se faisaient, et la foule applaudissait les porteurs de bouquets adressés à Madame la Comtesse de Paris, et qu'on disposait sur la dunette.

A deux heures vingt-cinq minutes, les voitures qui amenaient les princes s'arrêtaient devant la passerelle du vapeur. Toutes les têtes s'étaient découvertes. Monsieur le Comte de Paris mit le pied sur la passerelle, et au moment même le drapeau tricolore fut hissé au grand mât. Un hourrah formidable salua les couleurs françaises qui, par une touchante attention, allaient accompagner les augustes exilés jusqu'à la terre étrangère. Puis les cris d'espérance éclatèrent, redoublant à chaque minute de force et d'intensité.

Monsieur le Comte de Paris se tenait tourné vers les amis si dévoués qu'il allait quitter, et il ne se lassait pas de répondre par des saluts à leurs chaleureuses acclamations.

Mais la cloche du bord retentit, tous ceux qui ne partent pas doivent se retirer. Le prince, voyant M. Bocher sur la passerelle, court à lui et l'embrasse affectueusement, ainsi que M. Lambert de Sainte-Croix. A cette vue, les vivats reprennent plus violents, et toujours les cris de : *Vive la France! Au revoir! A bientôt!* dominent le bruit.

Peu à peu le bateau se détache du quai, la foule le suit dans sa lente évolution, et Monseigneur salue plus vivement encore ceux qui l'acclament. Dans un moment de silence, il s'écrie d'une voix forte ; *A bientot!* et un immense cri lui répond.

On s'engage dans le chenal, et alors, des deux côtés à la fois, les vivats se succèdent, se répondent, les barques suivent, et ceux qui les montent mêlent leurs voix à cette clameur générale. Un cri timide de : Vive la République ! se fait entendre ; il est aussitôt couvert par celui de : Vive la France !

Le chenal est franchi ; par trois fois le drapeau français hissé au haut du grand mât s'abaisse en signe de salut, la terre s'éloigne peu à peu, et on entend toujours les cris, si doux à l'oreille de l'exilé, de : *Au revoir! A bientot!*

Le prince, auprès de qui s'étaient tenus tout le temps Madame la Comtesse de Paris, Mgr le duc d'Orléans, Mgr le duc de Chartres, le prince Henri d'Orléans, ne peut détacher ses yeux des côtes de France. Il reste immobile, regardant au loin ce magique spectacle que présente la petite ville éclairée par un admirable soleil. Sur les quais les mouchoirs blancs s'agitent et s'agiteront longtemps encore. On entend un dernier cri de : *Au revoir!* C'est le bateau-pilote qui s'éloigne, rentrant au port.

Les princes se tiennent sur la passerelle. Ils emmènent

avec eux M. le duc de la Trémoïlle, M. le marquis de la Ferronays, M. le duc de Noailles, les conseillers municipaux conservateurs de Paris : MM. Gamard, Despatys, Dufaure, Cochin, et M. Calla, ancien député de Paris. Le Prince ne porte-t-il pas le titre de Comte de Paris? Il s'en est souvenu. M. le marquis de Beauvoir, M. de Bondy, M. Dupuy, M. d'Haussonville, M. Saint-Marc Girardin, M. Aubry-Vitet, M. le marquis d'Audiffret-Pasquier, M. de Saporta, M. de Chabaud-Latour accompagnent également le Prince jusqu'en Angleterre, où quelques-uns d'entre eux doivent prendre le service. Mme de Butler accompagne Mme la comtesse de Paris.

Une demi-heure à peine après avoir quitté le Tréport, Monsieur le Comte de Paris fit appeler tout le monde dans le grand salon du bord, et là, d'une voix haute et ferme, il lut la protestation qu'il allait adresser à la France et que nul ne connaissait encore. On lira plus loin cet admirable appel au pays, cette juste revendication de ses droits ; on s'expliquera l'émotion qu'elle a causée à tous.

L'ARRIVÉE EN ANGLETERRE

La traversée s'est effectuée sans incidents avec une rapidité extrême — le navire filait près de 17 nœuds à l'heure — et à sept heures on apercevait Douvres dans la brume qui commençait à obscurcir l'horizon. Bientôt on fut à quai et, en apercevant les couleurs françaises qui flottaient au haut des mâts de signaux à l'entrée du port, Monsieur le comte de Paris, toujours si maître de lui, ne put maîtriser son émotion. Aussi ce fut d'une voix altérée qu'il répondit aux souhaits de bienvenue que lui adressait le maire de Douvres et qu'il le remercia des hourrahs que lançait la population assemblée.

« Je vous suis très reconnaissant, lui dit le Prince, de me souhaiter la bienvenue au moment où mon cœur vient d'être si déchiré en quittant le sol de ma patrie.

« Ma famille, à plusieurs reprises, et moi, pendant plus de vingt ans, avons connu la loyauté de cette hospitalité, et j'en ai gardé une profonde reconnaissance. Ce qui me touche au-delà de tout, c'est de voir les drapeaux français que vous avez hissés à tous les mâts. Ils parlent à mon cœur comme vos chaleureuses acclamations. »

De nouveaux hourrahs éclatèrent. Bien que l'heure de l'arrivée ne fût pas connue, une foule énorme couvrait les quais, et lorsque le maire de Douvres s'avança sur la passerelle, lorsque sa fille offrit un bouquet à Madame la comtesse de Paris, les cris redoublèrent.

Les Princes se rendirent ensuite au Lord-Warden Hotel. Ils devaient, un moment plus tard, y éprouver une surprise poignante et à la fois bien douce. Le drapeau français avait été placé dans le salon qui leur était réservé par les soins du capitaine du vapeur, le capitaine Stubbs. Lorsque Monsieur le Comte de Paris entra dans le salon, le cœur saisi, il appela tout aussitôt Madame la comtesse de Paris et M. d'Audiffret-Pasquier, qui le suivaient. Là, dit-il, et son doigt tendu indiquait l'angle de la pièce. Et les pleurs lui montant aux yeux, il éclata en sanglots, mêlant ses larmes à celles de la princesse. Combien était touchante la pensée de cet officier, de cet étranger ! Quelle comparaison entre sa conduite et celle de nos républicains !

Mais un moment bien pénible pour tous approchait.

Madame la comtesse de Paris, anxieuse de la santé de la princesse Louise, avait hâte de retourner à Eu. Mgr le duc de Chartres désirait rentrer immédiatement à Paris, et le Prince allait rester seul avec quelques amis dévoués sur le sol de l'Angleterre.

La cloche du vapeur qui fait le service de Douvres à Calais sonnait au loin. Les Princes se dirigèrent vers l'embarcadère, et ce fut une scène qui, pour être muette, n'en fut pas moins déchirante, que celle de la séparation.

Ah! toute illusion était devenue impossible. C'était bien là l'exil, l'exil si dur à tous, si pénible surtout pour ceux qui aiment leur pays comme le chérit Monsieur le Comte de Paris. Du bateau, on ne pouvait contempler, sans verser des larmes, l'imposante silhouette du Prince se détachant dans l'ombre. Il ne pouvait se résoudre à quitter du regard ce bateau qui emportait les siens et qui voguait vers la France. Dans un dernier geste, il lui confia ses vœux et ses espérances. Il semblait répéter une fois encore à tous ce mot qu'il avait dit si souvent dans cette journée : **Au revoir! à bientôt!**

PROTESTATION

DU

COMTE DE PARIS

Contraint de quitter le sol de mon pays, je proteste, au nom du droit, contre la violence qui m'est faite.

Passionnément attaché à la Patrie, que ses malheurs m'ont rendue plus chère encore, j'y ai, jusqu'à présent, vécu sans enfreindre les lois. Pour m'en arracher, l'on choisit le moment où je viens d'y rentrer, heureux d'avoir formé un lien nouveau entre la France et une nation amie.

En me proscrivant on se venge sur moi des trois millions et demi de voix qui, le 4 octobre, ont condamné les fautes de la République, et l'on cherche à intimider ceux qui, chaque jour, se détachent d'elle.

On poursuit en moi le principe monarchique dont le dépôt m'a été transmis par Celui qui l'avait si noblement conservé.

On veut séparer de la France le chef de la glorieuse famille qui l'a dirigée, pendant neuf siècles, dans l'œuvre de son unité nationale, et qui, associée au peuple dans la bonne comme dans la mauvaise fortune, a fondé sa grandeur et sa prospérité.

On espère qu'elle a oublié le règne heureux et pacifique de mon aïeul Louis-Philippe et les jours plus récents où mon Frère et mes Oncles, après avoir combattu sous son drapeau, servaient loyalement dans les rangs de sa vaillante armée.

Ces calculs seront trompés.

Instruite par l'expérience, la France ne se méprendra ni sur la cause, ni sur les auteurs des maux dont elle souffre. Elle reconnaîtra que la Monarchie, traditionnelle par son principe, moderne par ses institutions, peut seule y porter remède.

Seule, cette Monarchie nationale, dont je suis le représentant, peut réduire à l'impuissance les hommes de désordre qui menacent le repos du pays, assurer la liberté politique et religieuse, relever l'autorité, refaire la fortune publique.

Seule, elle peut donner à notre société démocratique un gouvernement fort, ouvert à tous, supérieur aux partis et dont la stabilité sera pour l'Europe le gage d'une paix durable.

Mon devoir est de travailler sans relâche à cette œuvre de salut. Avec l'aide de Dieu et le concours de tous ceux qui partagent ma foi dans l'avenir, je l'accomplirai.

La République a peur : en me frappant elle me désigne.

J'ai confiance dans la France. A l'heure décisive, je serai prêt.

Eu, le 24 juin 1886.

PHILIPPE
Comte de Paris.

Paris. — Imprimerie P. Faivre, 13, quai Voltaire. — 67074.

www.ingramcontent.com/pod-product-compliance
Lightning Source LLC
Chambersburg PA
CBHW061309060726
47596CB00002B/822